数字化酒店

**技术赋能＋运营变革＋
营销升级＋管理转型**

李勇　钱晔◎著

人民邮电出版社

北京

图书在版编目（ＣＩＰ）数据

数字化酒店：技术赋能+运营变革+营销升级+管理转型 / 李勇，钱晔著. -- 北京：人民邮电出版社，2021.11
　ISBN 978-7-115-57253-0

　Ⅰ. ①数… Ⅱ. ①李… ②钱… Ⅲ. ①饭店－商业企业管理－研究 Ⅳ. ①F719.2

　中国版本图书馆CIP数据核字(2021)第178757号

内 容 提 要

本书立足于当前国内酒店行业发展现状与前沿趋势，结合 5G、AIoT、大数据等新技术在酒店行业的场景应用与创新实践，分别从数字化战略、技术应用、运营升级、营销变革、管理赋能五大维度，深度剖析了传统酒店企业在数字化时代的转型路径。本书脉络清晰，观点新颖，通俗易懂，以大量鲜活的酒店企业案例为样本总结方法论，对酒店行业的数字化转型进行了探索与实践。本书适用于不同类型的酒店高层领导者、中层管理者和店长阅读参考；也适用于酒店品牌策划机构、酒店企业培训师阅读；也可以作为高等院校酒店与旅游管理、市场营销等专业的学生培训教材。

◆ 著　　　　　　李 勇　钱 晔
　　责任编辑　　　王建军
　　责任印制　　　陈 犇
◆ 人民邮电出版社出版发行　　北京市丰台区成寿寺路 11 号
　　邮编　100164　　电子邮件　315@ptpress.com.cn
　　网址　https://www.ptpress.com.cn
　　涿州市般润文化传播有限公司印刷
◆ 开本：720×960　1/16
　　印张：14　　　　　　　　　 2021 年 11 月第 1 版
　　字数：206 千字　　　　　 2024 年 8 月河北第 9 次印刷

定价：69.90 元

读者服务热线：(010)53913866　印装质量热线：(010)81055316
反盗版热线：(010)81055315
广告经营许可证：京东市监广登字 20170147 号

前言
foreword

　　随着人们收入水平的不断提高，消费持续升级，旅游行业进入高速发展阶段，带动酒店行业开始快速发展。但因为酒店行业的客源结构发生了较大改变，传统酒店的烦琐入住流程、千篇一律的酒店服务已经无法满足顾客多样化、个性化的需求。在此背景下，传统酒店日渐式微，数字化酒店开始崛起。为了顺应这一发展形势，越来越多的传统酒店开始尝试利用互联网、大数据、人工智能等技术进行改革升级，颠覆传统的酒店设计理念与经营模式，面向不同的消费群体设计不同的住宿环境，凭借不断升级的产品与服务抢占市场，得到大批顾客的青睐。

　　自进入互联网时代以来，人们关于数字化酒店有很多想象，例如在酒店大厅安装人脸识别系统，顾客在推开酒店大门的那一刻，其身份信息就在酒店前台电脑上显示出来，前台工作人员可以快速获取顾客订单，为顾客"秒办"入住手续；客房的温度、湿度、灯光等可以语音控制、自动调节；顾客可以实现网上订房与退房等。目前，这些想象已经全部实现，甚至现实的数字化酒店的功能已经超出了人们的想象。

　　对于传统酒店来说，数字化改革与升级已经是一件相当迫切的大事。因为在数字化时代，酒店的寿命显著缩短。一方面，酒店要面临各种新兴技术的冲击，例如互联网的普及应用带来的在线旅行社（Online Travel Agency，OTA）销售模式；另一方面，酒店要面对跨界竞争者的挑战。数字化转型已成为酒店生存发展的重要出路。

　　首先，数字化转型可以实现降本增效。传统酒店通过引进数字技术与应用可以最大限度地减少成本，提高人效比。凭借成熟的数字化运营模式，酒店可以减少人工导致的错误，实现高效有序运营，提高工作人员的服务效率与质量，缩短顾客的等待时间，让顾客享受更优质的入住体验。

其次，数字化转型是酒店运营流程再造的必经之路。通过大数据技术赋能，酒店内部的数据流转可以打破传统酒店的层级限制，实现无层级流转，进而颠覆酒店的金字塔管理模式，驱动酒店行业变革组织结构、优化业务流程、创新工作内容，推动酒店管理从传统的以流程为主的线性化向数据驱动的扁平化、协同化管理转型，打造一个全新的组织架构，提高信息流转效率与响应能力，使酒店行业的创新能力得以全面释放。

最后，数字化转型可以切实提升酒店的管理能力。酒店通过挖掘自身掌握的数据资源或者通过不同的渠道收集行业数据，利用 AI 技术、大数据技术等对数据进行整合分析，精准预测行业的未来发展方向，可以制订合理的价格策略，提升整体的收益水平。同时，数字化转型还可以使酒店管理从被动变主动，提升管理能力，减少顾客投诉，提升酒店口碑。

传统酒店的数字化转型是一个比较复杂的过程，不仅需要引进数字技术与设备，还要推动营销、运营、管理实现数字化转型。

本书第一部分阐述了数字化战略。随着行业内外环境不断变化，酒店行业数字化已经成为不可逆转的趋势。这一部分对酒店行业的数字化改革路径、数字化酒店的发展与变革、数字化酒店的未来范式、酒店数字化转型路径进行深入探索，结合阿里"未来酒店"与汉庭3.0，对利用大数据、人工智能、互联网等新兴技术打造无人酒店的可行性进行深刻讨论，让读者了解数字化酒店，并产生一定的思考与启发。

第二部分阐述了技术应用。数字化酒店的构建离不开新兴技术的支持，这一部分对 5G、AI、物联网、区块链等技术在数字化酒店的应用进行全方位探究，向读者展现数字化酒店的新场景，包括酒店机器人服务、酒店设备语音控制、智能家居、智慧安防、数字钥匙、无障碍入住等，让读者对物联网、人工智能等技术驱动下的酒店变革产生更深刻的思考。

第三部分讲明了运营升级。传统酒店的数字化转型不是简单地引入数字技术与设备，还要做好酒店经营模式的创新，推动运营升级。酒店运营涉及的内容很多，这一部分从业务流程的再造与变革、产品与服务的创新、顾客体验的优化、OTA 运营 4 个方面对酒店创新经营模式进行阐述，总结出一系列原则、方法、流程、方案与技巧，帮助读者全面提升数字化酒店运营能力，带给读者有益启示。

第四部分分析了营销变革。作为一个新事物，数字化酒店想要吸引更多人关注，实现长期生存与发展，离不开成功的营销。在数字化时代，企业营销有三大常用工具，包括抖音、微信公众号和微信小程序。这一部分对酒店抖音营销、微信公众号营销和微信小程序营销进行全面分析，从引流、曝光到吸引粉丝、转化，总结出一系列实用的方法与技巧，帮助读者掌握最新的营销策略与方法。

第五部分讲明了管理赋能。数字化酒店想要实现良性运转与可持续发展，离不开有效的组织管理。随着酒店的数字化升级，酒店的管理方式也要随之更新迭代。酒店管理的内涵非常丰富，这一部分从组织重塑、数据经营、利润思维 3 个层面，对酒店扁平化组织的构建、酒店文化建设、市场定位、数字营销、顾客维护以及酒店各部门的收益管理进行全面分析，形成了一系列实用的策略与方法。

目录
contents

第一部分
数字化战略：科技重塑酒店格局

第 1 章
数字经济引领酒店战略转型

一场势不可当的数字化浪潮

酒店行业的诞生可追溯到数千年前。在古代，酒店叫作亭驿、客舍、客栈等，是为过往行人提供住宿、餐饮等服务的场所。随着人类社会不断进步，社会经济不断发展，酒店设施与服务愈发现代化，整个酒店行业愈发繁荣。但在很长一段时间内，我国酒店行业都处于粗放式发展阶段，表面繁荣，背后却隐藏着很多问题，例如重复建设、市场定位不准确、缺乏创新、忽略顾客需求等。在这些因素的影响下，我国酒店的商业模式呈现出同质化、单一化的特点。

数字化酒店：一场势不可挡的变革浪潮

近年来，全球经济增长速度不断下降，我国酒店行业潜在的问题逐渐显露出来。从盈利能力来看，现阶段，整个酒店行业的原材料价格居高不下，人力成本不断提升，再加上在线旅行社（Online Travel Agency，OTA）销售模式导致利润摊薄，酒店的盈利能力明显下降，大部分酒店处于微利运营期，甚至一部分星级酒店陷入连续亏损状态。

根据前瞻产业研究院于 2019 年 12 月发布的《中国互联网＋酒店行业商业模式创新与投资机会深度研究报告》，2013—2016 年我国星级酒店收入连续 4 年下降；2017 年，我国星级酒店营业收入为 2083.93 亿元，摆脱了连续 4 年的负增长趋势，同比增长 2.07%；2018 年星级酒店营业收入略有下降，为 2027.75 亿元。2012—2019 年上半年我国星级酒店营业收入统计情况如图 1-1 所示。

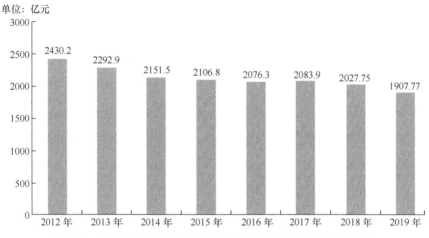

图 1-1　2012—2019 年上半年我国星级酒店营业收入统计情况

目前，我国整个酒店行业已经进入高速调整阶段，传统的服务项目已经十分成熟，竞争的焦点不再是酒店装潢、客房数量、房间设施等质量与价格因素，而是拓展到运营、管理、营销、服务等酒店经营的方方面面。在此形势下，**我国酒店必须从管理模式、市场模式、产品模式等角度切入进行结构性变革，增强自身的差异化竞争优势，提高差异化竞争力。**

近年来，人工智能（Artificial Intelligence，AI）、大数据、物联网、虚拟现实 / 增强现实（Virtual Reality/Augmented Reality，VR/AR）等技术快速发展，为酒店行业的数字化转型升级增添了新动能。借助新一代信息技术实施数字化改革，酒店不仅能够提高自身的管理水平与服务水平，提高服务质量和顾客体验，还能实现更大范围的市场开发。可以预见的是，在当前严峻的市场形势下，数字化系统的运营与创新将成为各大酒店新的竞争点。为此，**酒店必须积极引进先进的信息技术，促使信息技术实现大规模应用，颠覆酒店原有的经营管理模式与竞争方式，获取新的竞争优势。**

H 数字化酒店的定义与特征

近两年，智能机器人、智能语音助手等智能产品逐渐走进公众视野，推动了数字化酒店的普及。数字化体验逐渐成为年轻消费群体的内在需求，并吸引了许多科技企业、资本机构投身数字化酒店的建设与布局。

事实上，数字化酒店的概念由来已久。2010 年，IBM 公司推出了包括桌面云、自助入住登记和退房等一系列酒店数字化建设解决方案，通过综合运用计算机技术、控制技术、通信技术，优化酒店服务体验，减少成本消耗，并利用数字化设施为顾客创造人性化的居住环境，打造了一种安全节能、便捷舒适的新一代酒店。

所谓数字化酒店，即利用包括大数据、云计算、物联网等在内的先进技术手段，依托智能终端设备，以网络化、信息化、数字化方式开展酒店经营与管理，提升酒店服务质量及管理效率。 数字化酒店的主要特征见表 1-1。

表1-1 数字化酒店的主要特征

主要特征	具体内容
围绕顾客开展运营	数字化酒店在选择定位、设计建筑、建立系统、塑造品牌、定制产品、开发服务的过程中都会考虑顾客需求
经营管理的持续创新	数字化酒店所处的市场环境及其面临的顾客需求并非一成不变，为了应对这些变化，数字化酒店需要在管理、营销、服务等方面持续创新
充分发挥科技优势	利用先进的技术手段，例如大数据、云计算、物联网、人工智能、互联网及移动互联网、可视化、通信等技术，提高酒店的经营及管理效益

在信息技术快速发展的今天，人们的消费能力逐渐提高，在选择酒店产品时越来越关注自身的个性化体验、酒店的场景打造及科技化元素，这使数字化酒店的价值越来越突出。近年来，以锦江、如家、华住为代表的酒店纷纷进行数字化升级。与此同时，阿里巴巴、腾讯、苏宁、万达等大型企业也纷纷在数字化酒店领域布局，为数字化酒店的发展提供资金和技术支持。

近年来，国家旅游局及相关部门采取了一系列措施来推动旅游经济发展，并着力优化旅游服务，大力发展智慧旅游。数字化酒店是智慧旅游的重要构成，想要打造数字化酒店，就要改革酒店行业的传统产业结构，促进其数字化升级。

数字化酒店的演变与发展

随着互联网向传统行业蔓延，越来越多的企业将在"互联网＋"的驱动下发生变革，酒店就是其中之一。当前，移动互联网已经实现了广泛应用，促使传统酒店行业改造升级，实现移动智能终端化。具体来看，**酒店进行数字化改革是为了提高资源利用率及运营效率，为顾客提供个性化的服务体验，将员工从繁重、机械的劳动中解放出来，提高整体工作效率。**

我国酒店数字化的演变历程

每个行业的数字化进程都是随着互联网技术的发展与普及而加速，酒店行业也不例外。纵观我国酒店行业的数字化发展历程，可以划分为以下 4 个阶段。

- 第一阶段是 1995—2004 年，这是酒店管理软件应用的初始阶段。在这一阶段，中国互联网技术刚刚起步，网络传输速度慢，网络服务费用高，新浪、网易、搜狐、腾讯等门户网站几乎组成了中国互联网的主体。在这个背景下，互联网技术（Internet Technology，IT）开始向酒店行业渗透，催生了管理软件、电子门卡等行业应用。

- 第二阶段是 2005—2010 年，这是酒店管理模块运用阶段。在这一阶段，中国互联网技术进入快速发展期，非对称数字用户线路（Asymmetric Digital Subscriber Line，ADSL）宽带在全国范围内推广普及，为我国互联网行业的发展提供了强有力的支持，搜索、通信、视频、游戏、社交、电商等极大地丰富了人们的网络生活。在这个背景下，酒店管理模块在行业内得到了广泛应用，有效提高了酒店的经营效率。

- 第三阶段是 2011—2014 年，这是酒店管理系统升级发展阶段。在这一阶段，3G、4G 通信技术的日趋完善，平板电脑、智能手机等移动设备的推广普及，推动中国互联网迈向移动互联网时代，各行各业的网络服务需求在短时间内集中爆发。在这个背景下，酒店内部网络全面接入互联网，数字技术开始在酒店经营管理的各个环节落地应用，酒店前台经营数字化、后勤保障系统、楼宇自动化系统等对酒店管理产生了深远的影响。

- 第四阶段是 2015 年至今，这是酒店数字化形成的主要阶段。在这个阶段，"互联网＋"思维与模式向各行业、各领域快速渗透，互联网塑造了全新的社会生活形态，有力地拓展了我国经济的宽度、深度与厚度。在这个背景下，酒店行业的数字化转型进程日渐加快，各家企业纷纷推出线上预订、微信入住、机器人迎宾等个性化、人性化的数字化对客服务，以应对日趋白热化的市场竞争，满足不断变化的消费需求。

数字化酒店的运营优势

目前，许多传统酒店因为流程烦琐、成本居高不下、数据无法集中、人力资源消耗量大等问题陷入了发展困境。数字化酒店为这些问题提供了有效的解决方案，表现出无可比拟的运营优势。数字化酒店的三大运营优势如图 1-2 所示。

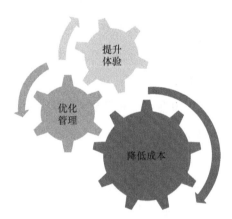

图 1-2　数字化酒店的三大运营优势

- 降低成本。例如，酒店借助数字化手段减轻员工的工作负担，提高整体的工作效率及服务效率，降低成本消耗；通过采用远程数字化管控手段降低自身的能源消耗等。

- 优化管理。例如，酒店通过大数据挖掘与分析对顾客信息进行全面且有效的掌握，精准判断市场需求，实现更灵活的定价；收集顾客反馈数据发现自身不足，优化企业服务与管理，提升整体效益；借助 OTA 平台运营，有效促进顾客转化，一方面提高酒店入住率，另一方面精简住宿流程，为顾客提供更多便利。

- 提升体验。酒店通过对新技术的应用能够有效提升对顾客的吸引力，提高酒店的客单价与品牌价值。例如，酒店利用先进的传感技术为顾客提供更加安全的服务；借助多媒体客房系统给顾客提供人性化的视听体验，为顾客营造舒适的服务环境。

酒店数字化战略转型迫在眉睫

目前，越来越多的行业从 IT 时代过渡到数据技术（Data Technology，DT）、人工智能物联网（Artificial Intelligence & Internet of Things，AIoT）时代，数字化转型进程明显加快。从整体上看，酒店行业的数字化还处在初级阶段，例如服务系统陈旧，与顾客沟通的主要工具仍是电话，与互联网连接的主要途径仍是 Wi-Fi，至于智能电视、智能门锁、智能窗帘等设备都是初级阶段的自动控制应用。对于这些应用，顾客刚开始会感觉新奇，久而久之就会感到乏味。由此可见，当前所谓的数字化酒店其实并没有真正做到数字化。

事实上，**真正的酒店数字化应该涵盖从下单到退房、离店的整个服务流程，也就是要打通顾客入口、酒店服务平台、酒店管理平台、客房智能设备控制、支付和推广整个流程，带给顾客一体化的入住体验。另外，传统酒店想要真正实现数字化，必须保障顾客体验，让顾客真正感受到酒店的便捷。同时，酒店还要考虑收益问题，降低酒店的运营成本，提高酒店的运营效率。**

尽管目前酒店行业的数字化建设仍处在探索阶段，但随着技术水平的不断提高，酒店配套设施的数字化水平将逐步提高。未来，数字化酒店将体现出更多的人性化特征，并根据顾客需求进行服务及提供产品。

酒店的数字化突围之战

目前，大量的酒店面向顾客提供数字化服务，推出移动端应用产品，方便顾客在手机端预订客房与配套服务，为异地旅游、出差提供便利，帮助他们在住宿问题上节省更多的时间与精力。

酒店软件系统的数字化升级

数字化酒店是一个持续进化与完善的概念。早期，数字化酒店更多地局限于单品数字化、单核数字化系统。经过多年发展，数字化酒店已经进化为智能生态、数字化综合解决方案。

在以人为本的移动互联网时代，数字化酒店应该是人性化的、个性化的，应该以人为中心，既要让顾客享受到数字技术创造的极致入住体验，又让其个性化需求得到满足。在酒店软件系统数字化升级的过程中，数字化系统是核心。 目前，酒店软件系统的数字化升级主要包括三大方向。酒店软件系统数字化升级方向如图 1-3 所示。

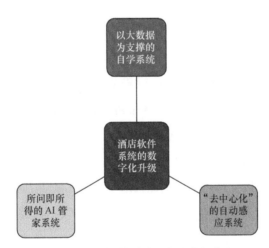

图 1-3　酒店软件系统数字化升级方向

1. 以大数据为支撑的自学系统

数字化酒店能够参照顾客的行为习惯、生活习惯等进行自我学习，除了酒店管理者之外，顾客也能按照自身需求对酒店的硬件及软件进行个性化设定。例如，对于此前有过入住经历的顾客，酒店会将其设备使用信息记录下来，从中分析出顾客的设备使用习惯及生活习惯。这样一来，当顾客再次入住酒店时，系统就能参照其个人习惯进行数字化设置，提供与之匹配的个性化服务。

2．"去中心化"的自动感应系统

有些人片面地将酒店数字化理解为通过智能手机、插座进行产品控制，而且只是用关联设备对空调、电视、窗帘、灯光进行数字化控制，其实，在真正的数字化酒店中，顾客不需要自主操控就能获得智能设施提供的个性化服务。数字化酒店的这些功能是在无形之中体现出来的。

3．所问即所得的 AI 管家系统

想象一下，每一位顾客入住酒店后都能得到一个贴心的私人 AI 管家。在私人 AI 管家的帮助下，顾客可以随时随地地享受业务咨询、餐位／会议室／车辆预订、客房服务，以及外卖、购物、周边游等本地化服务。当私人 AI 管家积累了一定的数据后，便可以通过算法模型对数据进行处理，掌握顾客的个人习惯、兴趣爱好等，从而为顾客提供个性化的定制服务。例如，私人 AI 管家通过数据分析发现某位顾客非常喜欢吃当地的一种水果，在顾客下次入住酒店时，私人 AI 管家就会提醒客房服务人员在房间里放置一份新鲜的水果，这种贴心服务定会让顾客感到无比惊喜。

基于智能语音交互技术，AI 管家系统将实现从智能识别、需求生成到对接工单系统的闭环，让顾客规避烦琐复杂的传统电话客房服务流程，享受便捷高效的智能自助服务，实现所问即所得。在需求端，AI 管家系统可以在 App、小程序、网站、微信、微博等多种端口为顾客服务，在为顾客创造良好的使用体验的同时，又能保障顾客的数据安全。在供给端，AI 管家系统可以为酒店管理者提供智能化管理平台，让酒店实时响应顾客需求，并为酒店积累宝贵的数据资产。

⊞ 酒店硬件的数字化升级

1．基础设施的数字化

随着移动互联网的不断发展，"去中心化"已经越来越明显。例如，电器设备

与微信平台、交互式网络电视（Internet Protocol Television，IPTV）系统等连接，可以轻松便捷地调整电器开关及模式。对于很多年轻人或者对生活品质有高要求的人来说，他们喜欢在特殊节日或旅游时通过改变周围的环境氛围获得惊喜。智能客房控制系统就可以借助场景预设，例如温度、灯光预设给顾客创造惊喜。

2. 入住流程的数字化

在传统酒店，前台发挥着重要的作用，数字化酒店可以通过智能服务系统替代前台，顾客可以通过线上渠道预订并下单，然后到酒店通过自助机进行信息核查，不需要由前台工作人员提供服务，就能到达房间。这种方式能够帮助酒店节省人力成本，并为顾客提供更优质的体验。在顾客较多时，前台要依次为他们办理入住手续，工作压力较大，这也是传统酒店经营管理方面存在的一大问题。通过自助机为顾客提供服务，不仅能够节约时间，还能进一步优化顾客的入住体验。

3. 增值服务的数字化

在入住酒店的过程中，顾客可能会随时提出各种个性化的消费需求。为满足这些需求，酒店企业推出了一系列增值服务，期望借此为顾客创造良好的入住体验，提高酒店的市场竞争力，拓展新的利润来源。随着数字化转型成为酒店行业的主流发展趋势，酒店的增值服务也要迈向数字化，例如支持顾客线上预约礼品包装及快递服务等。

酒店数字化转型的一个重要目标就是塑造完善的数字化酒店生活圈，但这需要有序、稳步的推进，不能一蹴而就。为了实现这一目标，**酒店可以先为顾客打造一个集住宿、娱乐、本地游等服务于一体的综合性服务平台。有了该平台后，酒店可以源源不断地收集顾客及行业数据，描绘立体化的顾客画像，预测市场潮流与趋势，为酒店的经营管理提供有效指导与帮助。**

酒店科技 VS 以人为本

酒店的每一个运营环节都会与顾客产生接触点，而顾客在每个接触点的体验感受，最后都会累积成他们对酒店的全部感受。顾客入住酒店会经历登记、入住、外出、互动、休息、就餐、退房等多个环节。在这些环节中，酒店可以采用一些前沿技术为顾客提供舒适便捷的入住服务。

H 酒店科技：数字化时代的场景新体验

顾客进入酒店之后，迎宾机器人、VIP人脸识别、人性化照明系统、多屏系统等融入先进科技的酒店设备与服务将给顾客留下良好印象。在酒店前台办理入住手续时，想要尝试新鲜事物的顾客，可以使用酒店提供的自助入住服务，享受科技带来的便利，免除排队烦恼。顾客办理完入住手续后，手机将收到开启房间门锁的密钥，使用手机即可开启门锁。

酒店客房控制系统监测到顾客进入房间后会自动开启迎客模式。酒店客房中的空调、灯光、窗帘、电视、音箱等设备都支持远程智能控制，顾客可以使用酒店App、小程序、智能面板，以及语音控制等调节其运行状态与模式。对于喜欢用手机看综艺、电影、电视剧、玩游戏的顾客，手机屏幕较小容易产生视觉疲劳，酒店提供的手机投屏功能就可以有效解决这一问题。

顾客离开房间后，客房控制系统会将客房调整为顾客外出模式，自动关闭灯光、空调、电视、音箱等设备。对于方向感较差的顾客，酒店会通过酒店App、小程序等为顾客提供手机定位与导航服务，让顾客免受迷路烦恼。

对于酒店大堂区、餐饮区、会议区、休闲区等顾客停留时间较长的区域，酒店会通过配备智能设备与系统提供便捷服务。例如，在酒店大堂内安装支持人脸识别的智能终端，让顾客方便快捷地预约会议室；在会议室内提供会议引导系统，帮助顾客提高会议效率；在餐厅安装销售终端（Point Of Sale，POS）系统，方便顾客通过手机付款等。

顾客退房后，客房控制系统会将客房调整为空房模式，房间里的设备停止运行或以低能耗模式运行。以空调为例，空调每调高一度，可以省电7%～10%。如果酒店能够针对客房状态自动调节空调温度，就能大幅降低能耗。而当客房处于空房状态时，酒店客房控制系统将结合季节、温度等因素，对空调温度进行智能化控制。数字化酒店的科技新体验如图 1-4 所示。

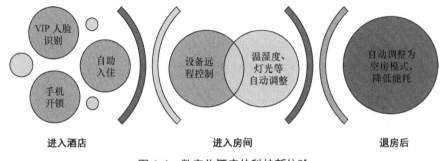

图 1-4　数字化酒店的科技新体验

以人为本：酒店始终秉持的核心价值

以人为本是酒店实现可持续发展的重要基础。建设数字化酒店需要让数字技术渗透到服务的各个环节。在这个过程中，每位酒店管理者都应该认识到技术始终是酒店服务顾客的手段。例如，产品的人机交互界面应当坚持清晰明了、简单易用的原则，便于顾客获取信息，进行操作；当顾客通过系统发出控制指令时，酒店工作人员要及时给予反馈。

数字化酒店的人性关怀不仅要体现在技术应用方面，还要体现在酒店设计方面。例如，酒店设计要融入更多的人文元素，床、沙发、洗漱台等要符合人体工程学原理；电视、空调、音箱、窗帘等智能设备要具有较强的交互性等。

以大堂设计为例，当顾客迈入酒店大堂的那一刻，酒店服务便已经开始。酒店大堂的整体布局应和酒店风格保持一致，家具、装饰、艺术品等具有协调性，兼具美观和舒适性。

在灯光设计方面，室外光照的变化将影响酒店大堂的灯光效果，为了让灯光效果保持最佳，酒店可以引入智能调光系统。该系统可以根据室外光照变化，选择合适的灯光模式，为顾客创造愉悦、舒适的灯光体验。

在色彩设计方面，大堂色彩既要避免太过繁杂，又要避免太过单一，前者会令顾客眼花缭乱，心理紧张；后者会令顾客枯燥乏味，失去消费欲望。同时，为了避免顾客产生视觉疲劳，酒店可以定期对大堂中的布艺靠垫、装饰、艺术品等进行调整。

数字时代的酒店未来趋势

在社会经济快速发展的今天，信息科技逐渐渗透到人们日常生活中的方方面面。随着互联网及移动互联网的普及应用，以高新技术产业为基础的线上经济进入快速发展阶段。而由技术革命驱动的产业升级转型也使消费市场呈现出许多新的特征。

随着市场提供的产品越来越丰富，人们的消费习惯也发生了明显改变，不再只是满足于产品的基本功能，而是越来越多地关注自身的个性化需求。在意识到这一点后，酒店行业采取了应对措施，在开发产品与服务时更多地考虑市场因素，促使整个酒店行业的发展越来越靠近消费趋势。

技术升级：从软件到硬件的数字化改造

在科技迅猛发展的今天，大数据、云计算、人工智能等技术在酒店行业实现了应用，来自在线旅游平台的客源越来越多，这逐渐替代了旅行社的主体地位。这种情况说明如今人们的消费方式及消费习惯已经不同以往。

在这种情况下，酒店行业开始在硬件及软件中融入更多的科技元素。而酒店想要达到优化服务、降低成本的目的，就必须利用技术手段提升顾客的住宿体验，为他们制造更多的惊喜，为他们的生活提供更多的便利。随着科技水平不断提升，越来越多的酒店在市场开拓、数字化升级的过程中实现了对先进技术的应用，旨在从技术层面出发来提高顾客的忠诚度，并塑造良好的品牌形象。

商业本质：以顾客需求为导向

在互联网时代，顾客对酒店信息发布的即时性提出了更高的要求，并开始通过旅游点评网站、在线旅游平台来进行信息收集，推动在线旅游平台快速发展。如果酒店行业能够根据顾客的需求，通过提供即时信息来满足顾客的期待，就能够改变当前的局面，取得突破式发展。因为在信息快速更迭的今天，谁能为顾客提供符合其需求的产品与服务，谁就能够突显自身的竞争力，在竞争激烈的市场上占据优势地位。

精准定位：开启细分化竞争时代

基于酒店现有的市场定位，按照顾客需求为其提供最理想的居住空间，通过满足顾客的个性化需求提升其住宿体验。近年来，民宿因为更能体现当地的文化、民俗风情而颇受青睐。对于顾客来说，民宿既能满足他们的住宿要求，又能让他们感受到当地的文化氛围。民宿的诞生与崛起体现出酒店消费市场的细分化，以及市场因素对行业发展产生的影响。

品牌塑造：全方位提升酒店价值

酒店在经营过程中想要打造独特的品牌价值，需要从各个方面入手来满足顾客的期待。具体包括提高酒店管理者的能力，优化酒店服务，对员工进行专业培训，从细节方面入手体现自身服务的人性化特征等。总之，酒店要根据顾客需求开展产品营销，同时要推出产品促销活动，通过提供个性化服务等树立自身良好的形象，逐步提高顾客的认可度。

第 2 章
科技重塑酒店传统商业模式

万物互联：AIoT 赋能酒店效能

人工智能物联网（AIoT）是指人工智能（AI）与物联网（Internet of Things，IoT）在实际应用中的落地融合，它能够将物联网产生及搜集到的海量数据存储在云端及边缘端，然后利用 AI、大数据等技术实现万物数据化、智联化。物联网技术的蓬勃发展使笨重、庞大的机械设备得以触网，并使企业通过对海量数据的分析及应用创造更多利润的想法有了实现的可能。庞大的物联网数据为 AI 不断学习新知识提供养料，促使 AI 决策更加精准、高效。每一家想要挖掘"数据金矿"的企业，都要学会借助 AIoT 的力量。那么，对于酒店行业来说，AIoT 的价值又将体现在哪些方面呢？

⊞ IoT：万物互联的迅速崛起

早在 20 世纪 70 年代，美国卡内基梅隆大学计算机系便安装了一台可乐自动贩卖机。彼时，可口可乐广受该系师生青睐，导致这台贩卖机时常处于缺货状态，一个非常普遍的现象是师生爬上三楼后，却发现自动贩卖机内一瓶可乐也没有，更让人苦恼的是，有时师生买到一瓶可乐，却发现可乐因为刚装进机器不久还散发着热气，根本不是期待的口感。

1982 年，卡内基梅隆大学计算机系的 3 位程序员联手解决了该问题：他们为这台机器安装了一个微动开关，并将这个开关和该系的一台 Finger 服务器相连，接着又开发了服务器运行程序及 Finger 查询接口模块，最终使师生可以远程查询可乐自动贩卖机的情况，例如现有可乐的数量以及可乐被装进机器的时长等。这台机器也因此成为世界上首个可连接的智能设备，为体现其特殊性，它被命名为"Only（唯一）"。

软件银行集团公司创始人孙正义在 ARM TechCon 2019 大会上公开表示：未来 20 年，物联网设备数量将超过 1 万亿台。移动设备、家用电器、制造设备、汽车等设备通过物联网技术与软件、传感器及执行器连接，最终将形成纵横交错的巨型物联网。接入同一个物联网的各类设备可以快速进行数据交换，向外界发送信息，并自主或在远程控制下协同联动，从而高效精准地完成各项任务。

目前，物联网已经在包括酒店经营管理在内的多种场景得到了广泛应用，例如，引入应用了物联网技术的客房控制系统后，酒店可以对客房环境进行实时监测，并自动调整灯光、空调等设备；引入应用了物联网技术的消防供水设备后，酒店可以实时查询设备的运行状态，并在设备产生安全隐患时收到设备自动发送的警报等。

H AI：无所不在的智能连接

AI 是一门研究、开发用于模拟、延伸和扩展人的智能的理论、方法、技术及应用系统的综合性学科。有了 AI 技术后，机器可以不断地学习新知识，并在无人干预下完成多项任务。目前，AI 已经在医疗、教育、娱乐、金融等领域落地应用。

早在 1956 年，AI 的概念便已出现，但由于技术不成熟、算力不足、应用场景缺失等问题，AI 的发展速度相对缓慢，直到最近几年，它才开始走进大众的日常生活。目前，各类统计与计算技术为 AI 的发展提供了强有力的支持。机器学习是 AI 的重要分支，它能对各类设备及智能传感器提供的数据进行诊断，从而洞察其模式与异常。

随着数据的持续积累，机器学习算法通过不断"学习"变得更加完善。因此，与根据规则、计划、阈值工作的系统或传统的商业智能工具相比，机器学习可以更高效、更精准地指导企业决策。

除了机器学习外，计算机视觉、自然语言处理、深度学习等也是 AI 的重要技术分支。这些技术的存在使 AI 与物联网的落地融合有了更广阔的空间。举个例子，AI 可以让酒店安防设备控制系统从噪声中精准分离信号，从而避免出现误报、漏报等问题，还能使酒店安防设备控制系统在与用户、设备及系统交互的过程中不断学习，最终使其达到甚至超过人工安防水平。

⬛ AIoT：全场景连接的智慧酒店系统

在 AIoT 技术的驱动下，数字化酒店系统能够将照明系统、遮阳控制、影音系统、环境系统放在同一个平台监测和控制，不仅可以对酒店设备与客房进行数字化管理，还能对各个房间的能耗进行统计，达到节能的目的。从这个层面来讲，基于 AIoT 技术的数字化酒店系统不仅可以降低酒店的运营成本，提高酒店的管理效率与服务质量，还能帮助酒店进行精准推广，获得更多的市场份额。

站在顾客的角度来看，数字化酒店不仅强调智能化、科技感，还非常看重体验感。这就表示，数字化酒店必须开展多模态人机交互（Human–Computer Interaction，HCI），实现全场景服务连接，让顾客感受更舒适、更便捷、更时尚、更具科技感的入住体验。

目前，酒店的数字化客房系统主要通过人机交互的方式对电视、灯光、空调、窗帘等设备进行控制。其中，人机交互主要包括动作识别、语音识别、微信、遥控器、App；控制载体主要包括智能面板、机器人、手机、智能音箱等。

相比较来说，手机 App 需要下载安装，使用过程比较烦琐；微信操作界面比较复杂，使用不便；传统遥控器的卫生情况堪忧；而语音控制简单直接。因此，对于未来的数字化酒店来说，语音控制将是最主流的控制方式。

但考虑到不同群体的不同需求，在数字化酒店管控系统中，物理按钮和触摸屏也是必不可少的配置，智能面板则是集多功能人机控制于一体的最合适的载体之一。例如，欧瑞博公司推出的超级智能面板 MixPad 集成了按键、触摸、语音控制等多种功能，可以实现动作识别、语音识别与手机控制，而且搭载了功能强大的智能家居系统，该系统可以覆盖高端酒店客房内所有的基础设施。

具体来看，数字化酒店管控系统中的智能面板必须具有持续扩展多种产品矩阵的能力，能够借助多功能面板构建全宅智能家居系统，覆盖智能家居入口与场景，将暖通、遮阳、安防、照明等全屋基础电器品类的所有 IoT 产品连接在一起，构建一个完整的智能化系统。也就是说，**数字化酒店管控系统必须做到人、设备、服务高效连接，实现场景化，推动传统酒店真正开启数字化革命。**

其实，数字化酒店只是 AIoT 的一个应用场景，其本质是实现居住空间的智能化。在 AIoT 时代，智慧居住空间是利用新型无线物联网技术将人、设备、服务连接在一起，构建一个全新的生态，并利用 AI 开展智能分析，对周围的环境进行自动感知，主动为顾客提供智能化服务。对于数字化酒店来说，这是自动化控制的最佳状态。同时，数字化酒店的全自动化控制还需要将顾客住店前、离店后、出行等环节形成闭环，构建一个完整的酒店服务生态。

上面所说的是数字化酒店的内在设置。对于数字化酒店来说，为智能控制系统与智能设备赋予外在美与科技感也非常重要，这种科技感与外在美可从视觉上获得顾客的喜爱。只有做到内外兼修，传统酒店才能真正做到数字化转型。

数据智能：优化酒店经营决策

酒店的顾客可能来自全国各地甚至全球各个国家，仅凭酒店员工的个人能力是很难为顾客提供优质服务的。酒店想要在激烈的市场竞争中站稳脚跟，就必须明确目标顾客群体的消费需求，为其提供更具个性的优质服务，而这一切都离不开大数据的使用。

数据智能：酒店大数据的应用价值

借助各种数据分析工具，酒店能够系统全面地记录顾客信息，同时可以针对不同顾客的消费特性制订个性化的营销策略。总体而言，大数据对酒店的价值主要体现在以下两个方面。

第一，大数据能够对顾客行为进行科学、全面、精准的分析，为酒店开展个性化经营、制订发展计划提供可靠的依据。个性化经营能够拉近酒店与顾客之间的距离，增强顾客黏性，使彼此之间的关系更紧密，从而增加酒店的品牌价值，达到提高销售效率和经营业绩的双重目的。

第二，大数据可以对市场状况和其他酒店的信息进行分析汇总，帮助酒店调整竞争策略、把握行业发展趋势。其中，大数据分析的信息主要包括市场前景、财务状况、经营动机、经营成果、发展计划和整体性的消费需求等。

以北京易科势腾科技研发的 iDataBank[1] 顾客行为分析系统为例，该系统立足于大数据底层技术架构对酒店运营数据进行实时监测、分析，与酒店现行系统及自媒体数据结合，对顾客在酒店的一切行为进行深度收集与精准分析，对线上发起的交易行为进行实时追踪，在不对酒店现有业务造成不良影响的前提下开展跨部门数据收集、整合、统计、分析，借助先进的事件模型将顾客行为转化为数据，从各个维度对数据进行交叉分析，驱动业务决策，改善顾客浏览、筛选、下单体验，将大数据在分析顾客行为方面的"大、细、全、准"的优势凸显出来。

通过沉淀顾客数据为酒店大数据变现奠定良好的基础，通过关注顾客与数据规模的增长为数据资产积累做好准备；通过主动收集顾客信息、顾客画像、购买订单等数据，让 iDataBank 渗透到产品使用的整个生命周期；通过属性、维度、指标等数据的采集掌握顾客的行为习惯，积累更多优质的数据资产；通过提高数据采集与输出的时效性保证产品推荐的时效性。

数据驱动：酒店行业的大数据类型

酒店行业在经营过程中会产生大量的数据，而这些数据对酒店的经营具有不可估量的价值。下面我们从顾客入住到离店这一场景出发，简单分析在此过

1　iDataBank是一款由北京易科势腾科技股份有限公司研发的大数据产品，它基于企业的业务特点、自媒体和多部门数据需求，帮助企业建立基于用户行为的数据指标体系。

程中酒店产生的 3 类数据。酒店行业的大数据类型见表 2-1。

表2-1　酒店行业的大数据类型

数据类型	具体应用
住前数据	这类数据产生于顾客入住酒店之前，主要包括顾客在预订页面的搜索、查找、预订和选择等。这些数据可以清晰地显示出顾客的需求和喜好。例如，根据搜索量、预订量、浏览量、点击率等数据指标，我们大致可以推断出顾客喜欢的酒店档次、客房类型、价格接受度，以及对酒店设施的要求等
住中数据	这类数据产生于顾客入住过程中，使用频率最高，主要包括已入住的顾客数量、每间客房的房价与平均收入等，是酒店收集最多的数据。此外，顾客对酒店服务的选择、餐厅食品的选择、办理入住和选择离店的时间、对服务的不满之处等，也属于这类数据
住后数据	这类数据产生于顾客离店以后，能够反映顾客对酒店服务及产品的态度，主要包括各种类型的评价、顾客的意见或建议、顾客离开后是否立刻去预订其他酒店等。这类数据对酒店提高服务质量、制订竞争策略、调整发展计划和改善经营模式等具有重要意义。相较于其他两种数据来说，住后数据更应该成为酒店关注的目标，因为住后数据很难获取，需要通过专门的回访、调查才能得到

数据经营：酒店如何应用大数据

许多酒店管理者对大数据的应用普遍存在一些思维误区，他们认为酒店产生的数据越多，其价值就越大。实际上，这种观点非常片面。**大数据本身并不具备任何价值，其价值来源于对数据的分析和处理，以及制订相应的决策。**为了提高酒店行业对数据分析与应用的水平，下面为酒店管理者提供 3 个应用大数据的步骤。酒店管理者应用大数据的 3 个步骤如图 2-1 所示。

1. 建立顾客档案，用好传统数据

酒店想要通过增强顾客黏性来提高经营业绩，就必须加深对顾客关系管理（Customer Relationship Management，CRM）的认知，提高对 CRM 的重视程度。一般来说，CRM 的前提是建立顾客档案。因此，酒店必须建立属于自己的顾客档案，了解顾客的喜好，有针对性地为其提供服务。例如，在顾客入住酒店之前，在房间摆放顾客喜欢看的书籍或者顾客爱喝的饮料，早上为顾客准备

精致的早餐等，带给顾客超乎想象的体验，这些都属于 CRM 的成功运用。

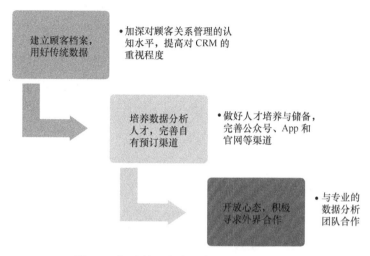

图 2-1　酒店管理者应用大数据的 3 个步骤

目前，国内很多酒店使用的是物业管理系统（Property Management System，PMS），PMS 能够轻松整理分析包括平均房价、营业毛利、出租率和每间可供出租客房收入（Revenue Per Available Room，RevPAR[2]）等在内的传统数据。对传统数据的研究分析不仅有利于酒店做好 CRM，还有助于酒店了解自己的运营轨迹，把握市场变化规律。

2. 培养数据分析人才，完善自有预订渠道

在酒店行业，只有那些注重数据化运营的大酒店才拥有专业的数据分析人才。包括中小型酒店在内的许多其他酒店基本上没有储备数据分析人才，一方面因为他们不以数据化经营为主，另一方面因为数据分析人才的培养和使用成本比较高。

但在互联网技术飞速发展的今天，各行各业都不可避免地受到大数据、云计算的影响。如果没有专业的数据分析人才，酒店行业的发展必定会遭受重大影响。

同时，完善自有预订渠道也是酒店需要完成的任务。酒店自有预订渠道需

2　RevPAR 是 Revenue Per Available Room 的缩写，指每间可供出租出客房产生的平均实际营业收入，用客房实际总收入除以客房总数，计算公式为 RevPAR=客房总收入/客房总数量。

要完善的方面主要有两个：一是公众号、App 和官网等渠道的完善；二是当会员顾客通过自有渠道预订酒店时，应该给顾客提供更多的会员权益。当自有预订渠道完善后，酒店能够掌握住前数据，吸引更多客流。

3. 开放心态，积极寻求外界合作

由于数据市场的发展潜力巨大，以提供数据服务为主要业务的公司越来越多，它们拥有专业的技术团队，能够凭借强大的数据分析能力，帮助合作方解决数据应用方面的难题。

客观来看，在大数据应用方面，酒店行业远远不如科技行业。如果条件允许，酒店可以选择与专业的数据分析团队合作。在未来的酒店行业，这种合作模式或许会成为新的发展趋势。当然，如果酒店自身实力比较雄厚，也可以培养自己的数据分析人才，或者成立自己的数据分析团队。

时代发展潮流支配着市场变化，造就了不同的消费群体，激励着各个行业不断探索新的发展模式。对于酒店行业来说，数字化时代对其发展提出了新要求，只有开发消费群体、发展大数据才是其当下最重要的任务，也是整个行业未来的发展趋势。

场景驱动：重新定义"人货场"

近年来，随着移动互联网不断发展，社交、娱乐、购物、出行、餐饮等人们生活与工作的方方面面都在被颠覆。与此同时，大数据、传感器、移动支付、定位系统等数字技术在酒店领域的应用，重塑了酒店消费场景。在这个背景下，酒店行业的传统运营模式、商业模式等变得不再适用。

酒店想要培养一批忠实顾客，较为可行的方案是将线上与线下相结合，打造一系列充满人性化、个性化、趣味性的消费场景，有效提高顾客的入住体验，让顾客欣然为酒店的产品与服务买单。

在重构酒店场景中的人与人（顾客与酒店员工）、人与信息（人与产品、服务及行为）、人与物（人与供应链等）的交互方式的过程中，酒店将创造全新的场景服务、场景运营、场景营销等商业空间经营模式。

酒店传统服务VS酒店场景服务

1. 酒店传统服务

在酒店传统服务模式中，人是信息触发终端。人发出信息后，再通过人工或电话等方式进行信息传递，主要借助岗位细分与流程标准来提高作业质量，酒店员工的数量与能力是影响酒店服务水平的关键因素。同时，由于信息传递工具单一，沟通方式落后，因此当顾客提出一些小需求后，例如"想要一杯白开水"等，也要经历"顾客呼叫—服务员与之沟通了解需求—回台处理—制作产品—提供产品—支付结算"一系列烦琐的服务流程。这种服务方式不仅效率低下，还可能引发顾客不满，产生响应不及时、信息传递错误、出品不及时、礼节不到位等多种问题。

2. 酒店场景服务

在数字化酒店的场景服务模式中，酒店将针对特定场所、时间内的具体服务形式、内容、组织及载体等，开展线上与线下融合的一体化运营。在顾客想要获取服务之前，酒店各个场景中的相关产品与服务已经完成了全流程设计。顾客可以通过手机或者使用酒店的智能设备终端在线提交需求，相关信息将被实时传递到可以满足该需求的服务岗位，接着便由该岗位工作人员为顾客提供产品与服务，从而实现对顾客需求的"秒级"响应，并显著降低服务质量风险。

两面双向是移动互联网时代的场景式商业模式的典型特征，其中，**一面是顾客的时间、空间及需求；另一面是服务人员的时间、空间及产品。与酒店传统服务模式相比，酒店场景服务模式放大了顾客与服务人员的双向时间效用与价值，确保顾客需求在得到即时满足的同时，也能提高服务人员的工作效率。**

酒店传统运营VS酒店场景运营

1. 酒店传统运营

酒店传统运营模式有两大短板：其一，酒店管理者难以在第一时间精准、全面地获得顾客反馈意见与消费数据，只能做事后处理；其二，酒店采用金字塔式的组织结构，服务员、前台、客服等基层员工在前端为顾客提供服务，酒店管理者在后端经营管理，再加上有些服务需要跨部门协作，导致酒店整体运营效率低下。

2. 酒店场景运营

在酒店场景运营模式中，数字技术的应用使酒店员工可以实时响应顾客需求。如果酒店员工在为顾客提供服务的过程中出现失误，酒店管理者会在第一时间收到消息。得益于流程的规范化、标准化，员工的跨部门协作也将变得高效、流畅。服务记录、产品数据、顾客反馈意见等数据都将被存储到酒店的数据库中，得到相应授权的酒店管理者可以按需调取数据，从而快速掌握酒店的运营状态、顾客满意度等，进而为酒店的经营管理提供有效支持。

酒店传统营销VS酒店场景营销

1. 酒店传统营销

在酒店传统的营销模式中，酒店采用的是产品本位、坐店待客的经营理念，营业场所、营业时间、服务岗位固定不变。以餐厅场景为例，顾客想要就餐就必须在营业时间前往餐厅，向餐厅服务员点餐。这种经营方式要求顾客必须对酒店各个场景中的产品与服务有足够的了解，遵循酒店的营业规则，只有这样才能使自身需求得到满足。对于首次入住酒店或者不经常住酒店的顾客来说，这种经营模式非常不友好。

2. 酒店场景营销

在酒店场景营销模式中，酒店将从时间、空间、顾客、行为四大方向来销售产品与服务，即酒店应该在什么时间、什么场所、什么场景向什么客群销售产品，这属于以顾客为中心的销售理念。例如，一位商务人士参加完3个小时的会议后想要一杯咖啡缓解疲惫，并与某位业界好友交流想法，针对这类顾客，酒店会推出买一赠一的咖啡套餐来满足其需求。此外，针对午夜有餐饮需求的顾客，酒店会推出夜宵套餐；针对有礼品需求的顾客，酒店会结合当地风土人情推出特色礼品等。

携带智能手机的人们可以随时随地地购物消费，在乘公交、等电梯、就餐、排队打卡等场景下，人们都可以拿出手机消费。无论企业是否接受，新零售时代已经来临。信息爆炸式增长，时间愈发碎片化，人们的注意力被过度分散，酒店需要借助"产品信息＋场景促发＋即时满足"才能为顾客创造良好的入住体验。

在数字经济时代，信息数据的处理及应用能力（例如信息采集、数据分析、反馈机制、处理程序等）将对酒店经营管理水平产生至关重要的影响。只有做好场景运营，酒店才能高效、全面、精准地获取数字资源及工具应用，推动酒店经营管理迈向新台阶。

平台战略：打破边界，协同共生

互联网使人与人、人与物、物与物实现了无缝连接，有效解决了信息不对称问题，深刻改变了人们的生活方式、生产方式和商业模式。对于酒店行业来说，互联网可谓是最重要的新技术，彻底打破了顾客与酒店之间的边界，促使二者相互融合，协同共生。

⊞ 酒店与顾客的连接

从连接质量方面来看，数字化酒店要与顾客实现快速、精准连接。目前，身处移动化、碎片化的移动互联网时代，顾客要求酒店能够更高效、精准地为其提供信息及服务。想象一下，当一位顾客通过微信小程序向酒店前台咨询问题时并没有获得明确的答案，而是收到一份电子版的酒店产品服务指南，顾客很可能会认为酒店服务不周到、客服业务能力低下。而通过应用大数据等技术，酒店可以在极短的时间内快速处理海量数据，指导客服快速精准地为顾客答疑解惑，给顾客留下良好印象。

从连接内容方面来看，数字化酒店应该让顾客享受到更有情感与温度的连接。顾客入住酒店时，不仅希望休息、餐饮等生理需求得到满足，更期望酒店能用更有情感与温度的产品与服务满足其精神需求。因此，数字化酒店应该从生活方式、价值理念等方面为顾客提供内容，例如一个可以让顾客感同身受的故事等。

自媒体时代，人们可以通过携程、微博、微信、抖音等渠道分享酒店入住经历，这种方式不仅满足了人们的表达诉求，还使个体的声音被放大。顾客在微博上分享一次愉悦的酒店入住经历，可能会使该酒店订单激增。所以，数字化酒店应该引导顾客积极分享其入住经历，助力酒店口碑建设。

以 Airbnb 为例，作为共享经济在酒店领域落地应用的典范，Airbnb 尤其擅长利用顾客分享入住经历吸引其他顾客，促使订单量增长。Airbnb 在 App 中开发了故事版块，专门用来满足顾客分享入住经历的需求。就像在微博等社交媒体中一样，大量 Airbnb 顾客在故事版块积极分享自己在旅游期间的住宿、美食、景点等经历，为 Airbnb 带来源源不断的订单。Airbnb 的故事版块如图 2-2 所示。

图 2-2　Airbnb 的故事版块

酒店与战略伙伴的连接

在相当长的一段时间里，酒店与供应商、加盟商等合作伙伴是简单的利益交换关系，部分酒店与合作伙伴还会因为利益纠纷诉诸法律。在开放合作、共创共享成为时代主旋律的背景下，数字化酒店应该转变思维模式，积极与供应商、加盟商建立战略合作关系，构建利益共同体乃至命运共同体，最终实现多方共赢。

以铂涛酒店集团为例，铂涛酒店集团作为一个综合性酒店集团，能够满足不同客群的差异化需求，旗下不仅有知名经济型酒店品牌 7 天酒店，还有喆啡酒店、潮漫酒店、铂涛菲诺等中高端酒店品牌。在与供应商、加盟商等合作伙伴合作时，铂涛酒店集团坚持以顾客价值为导向，与合作伙伴共享、共创、共赢的合作理念。

当创业团队找到一个能够满足某一群体需求的垂直领域时，可以向铂涛酒店集团提交品牌创建申请，一旦申请通过论证，集团便会与该创业团队协商投资比例。双方确认投资比例之后，集团就会为创业团队提供财务、人事体系、顾客体系、供应链、网络体系等方面的资源支持，而且集团不会干预新酒店品牌的经营。

通过这种方式，铂涛酒店集团打造了一个帮助创业者实现创建酒店品牌梦想的"创业平台"。创业者负责提供创意、酒店日常管理，铂涛酒店集团负责提供配套服务，这种互惠互利的合作模式帮助铂涛酒店集团吸引了大量优秀的创业团队。

从平台战略视角来看，酒店与合作伙伴的通力合作将取得"1+1 ＞ 2"的效果。因此，在推进酒店数字化建设的过程中，酒店应该重新定义自身与合作伙伴的关系，通过构建完善的合作机制与利益分享机制来加强各方的合作互助，与合作伙伴一起做大做强。

酒店内部的连接

传统酒店与员工是单纯的雇佣关系，员工按照上级命令在各自的岗位工作。但在进入数字化时代之后，这种管理模式变得不再适用。

一方面，员工的职业观念发生了变化，酒店从业者尤其是年轻人在选择工作时不仅考虑工资，更考虑工作氛围与环境、价值观、自我价值的实现等，传统酒店命令式的管理模式会让他们感到压抑与束缚，很难长期留住他们。

另一方面，员工处在面对面服务顾客的一线，丰富的工作经验，再加上与顾客的频繁互动，使他们更加了解顾客。有时，对于如何帮顾客解决问题，如何为顾客创造良好的体验等问题，员工要比忙于做战略性思考的高层管理者更为清楚。而且很多商业机会转瞬即逝，如果凡事都要向高层请示，只会让酒店错失发展机遇。因此，酒店必须积极推进组织结构与管理模式创新。

1. 优化工作流程，推动组织结构扁平化

酒店要充分利用 IT 技术、通信技术、自动化控制技术等优化工作流程，缩减管理层级，让管理者与员工的沟通更为便捷通畅。

2. 合理授权，让"听得见炮声的人"决策

为了满足顾客的个性化需求，酒店要向员工合理授权，给予员工足够的权利与自由来处理岗位工作，鼓励员工发挥能动性与创造性，为顾客提供超预期的入住体验。

3. 与员工分享

员工是酒店发展的基石，只有重视员工、尊重员工，积极与员工分享利润、荣誉等，酒店才能充分激发员工的工作热情，打造一支优秀而稳定的员工队伍。

长期来看，处于数字化时代的酒店面临更为激烈复杂的竞争环境，想要实现持续稳定的发展，必须充分利用互联网、大数据等技术与工具加强与顾客、合作伙伴及员工的连接能力，从体制机制方面为酒店与各方的连接保驾护航，最终形成一个良性发展的生态系统。

第3章
酒店数字化转型的4条路径

酒店企业在数字化转型的过程中应该根据实际情况，综合考虑资金基础、发展理念、管理模式等因素，选择适合自己的发展道路。总体而言，酒店数字化转型有4条路径，即管理数字化、服务数字化、营销数字化、建筑数字化。

路径1：酒店管理数字化

实施科学有效的管理是酒店企业稳定客源、保持良好声誉的重要途径。然而，当前许多酒店面临成本攀升以及顾客管理、人才培养、财务管理等方面的管理痛点，使经营效益受到了严重的不良影响。对于酒店企业来说，如何通过数字化管理提高运营效率，达到提质增效的目的呢？

降本：借助数字技术实现节能减耗

借助AI、物联网、大数据等数字技术，酒店能够轻松完成数据收集、信息处理和统筹管理等工作。例如，在智能入住系统、人脸识别技术以及VR选房系统的帮助下，酒店可以调整前台的服务模式；通过物联网设备，酒店可以对空调、供暖设备和给排水设施等进行智能监测；人工智能的应用将使酒店逐渐减少管事员、房务员等基层岗位员工的数量；利用远程监控和远程控制等技术，酒店可以实现无人化运营，让员工摆脱技术含量低、重复度高的工作模式，为顾客提供更加贴心、周到的服务，同时还能降低酒店的经营成本。此外，酒店想要提高竞争力，还必须注重数据的归纳与分析，合理利用大数据技术。

在经营的过程中，许多酒店仍在通过人工方式采集数据或监测设备，效率非常低。尤其是大型酒店，由于客房数量较多，而且不能限制顾客的用电量，使能源管理工作很难集中展开，无法对能耗进行全面管理、精准计量或严格掌控。因此，酒店必须选择功能更加完善的能源管理系统，对能源进行统筹管理，以达到减少能耗、降低成本的目的。

针对上述问题，华立科技股份有限公司在丰富的能源管理经验的基础上，研发出一款高效的能源管理软件——华立能源管理系统。该系统应用最新的物联网技术，可以自动生成与酒店能耗结构相匹配的能耗模型。而且通过监测酒店的能耗计量设备，该系统能够自动收集并分析酒店的能耗数据，帮助酒店完成能耗信息分析与处理工作，使酒店实现智能化管理目标。华立能源管理系统的四大功能见表3-1。

表3-1　华立能源管理系统的四大功能

系统功能	实际应用
数据监测	系统根据预先设定的采样率，获取酒店所有设备的能耗情况，实现自动化抄表，告别传统的人工抄表方式，大幅缩短工作时间，降低劳动强度。通过对酒店能耗情况的实时监测，系统能够帮助酒店管理者掌握节能现状、加强节能控制、检验节能效果、制订节能计划。此外，系统还具有自检功能，在每次开展数据收集工作前，对内部监测系统和外部配电系统进行故障检测，一旦发现问题就会立即发出警告，并催促员工尽快解决问题
能耗分析	酒店的能耗数据比较复杂且不规律，但借助可视化方法，酒店管理者可以轻松理解这些信息。系统会通过各种图形或时间轴将复杂的能耗数据用视觉的方式展现出来，让酒店管理者可以清晰地看到能源的消耗情况，实现实时监测、科学统计和精准分析，提高能耗管理的决策水平与决策效率
预付费控制	系统能够获取设备的能耗数据，根据能源价格自动生成能耗总费用，帮助员工高效地完成计算任务。对于账户余额不足的酒店，系统会及时向管理者发送催付短信；如果酒店已经欠费，系统还能够远程关闭酒店的电闸，实现自动断电，从而提高能耗管理效率
优质用能	系统可以根据酒店的历史能耗数据，对酒店的能耗结构进行分析，找到酒店的能源消费规律，发现用能问题，帮助酒店管理者计算出正确的能耗指标。系统在收集能耗数据的基础上，还能对电力系统的三相不平衡度、功率因数和电力谐波进行分析，帮助管理者了解酒店的耗电量，从而在数据层面为酒店的节能升级做好准备。此外，系统可以根据分时电价优化酒店的用电方式，通过制订科学的用能方案最大限度地降低酒店的能耗成本

增效：积极引进数字化酒店管理系统

进入数字化时代之后，很多酒店积极打造信息化管理系统，促使组织架构更加扁平化，赋予酒店管理层全方位领导、监督酒店的能力，有力地推动了酒店管理的提质增效。同时，酒店积极优化自身的业务流程，更加灵活、敏捷地参与市场竞争。九思软件为汉庭酒店量身打造了九思 OA 管理系统。该系统使汉庭酒店实现了人事、财务、顾客、通信等方面的数字化管理，有效提高了经营管理效率。九思 OA 管理系统的四大功能见表 3-2。

表3-2　九思OA管理系统的四大功能

系统功能	实际应用
人事管理	汉庭酒店人事管理系统可以高效地完成员工招聘、员工信息录入、员工社保管理、员工考勤、员工离职等多项人事管理事务
财务管理	汉庭酒店财务管理系统可以为酒店解决收支账录入、出纳日报与月报、房间押金、进货支出、调账等酒店收入支出管理事务
顾客管理	汉庭酒店顾客管理系统可以为酒店解决顾客身份信息管理、消费记录管理、投诉反馈管理等事务
通信管理	汉庭酒店通信管理系统可以为酒店解决前台与服务员通信、管理者与前台通信、工程部与前台通信、餐厅与前台通信等事务

路径2：酒店服务数字化

随着人们收入水平的不断提升以及消费观念持续转变，越来越多的人开始注重服务和体验，酒店住宿环境、服务水平和质量成为影响人们消费决策的关键因素。同时，供需关系的改变让顾客掌握了交易主动权，很多酒店为了抢夺有限的顾客资源大幅降价促销，使行业竞争日趋白热化。在此背景下，数字化服务建设被众多酒店视为推动企业转型升级、增强核心竞争力的重要战略。

酒店数字化服务的四大优势

相较于传统的酒店服务来说，酒店数字化服务拥有四大优势。酒店数字化服务的四大优势如图 3-1 所示。

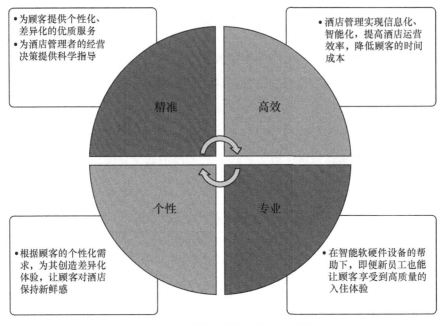

图 3-1　酒店数字化服务的四大优势

1. 精准

以数字化酒店中的智能机器人为例，智能机器人可以自动存储顾客的个人基本信息、入住需求、入住时的行为和轨迹以及兴趣偏好等，从而为顾客提供个性化、差异化的服务，实现精准供给。当客流量较高时，员工因为精力有限可能会出现各种错误，给顾客的入住体验带来不良的影响，引入智能机器人可以有效解决这一问题。同时智能机器人还能根据其掌握的数据自动生成经营报告，为酒店管理者的经营决策提供科学指导。

2. 高效

在数字化酒店中，酒店管理将实现信息化、智能化。物联网、人工智能等技术的应用将显著提升酒店的服务效率与质量，帮助顾客在较短的时间内完成酒店客房预订、办理入住/退房手续等，在降低顾客时间成本的同时，大幅提高酒店的运营效率。

3. 专业

传统酒店管理通过一系列规章流程对员工的日常言行进行严格规范，再遇上较为挑剔的顾客，使员工承受着较大的工作压力，引发了员工流动性高、酒店难以留住优秀人才等问题。新员工经验不足，即便有规章制度的约束，也很难为顾客提供专业化服务。而实现数字化升级之后，在智能软硬件设备设施的帮助下，即便是新员工也能让顾客享受到高质量的入住体验。

4. 个性

在消费需求日趋个性化的背景下，以顾客为中心的数字化酒店将更加重视满足顾客的个性化需求。在预订、接待、入住、退房等环节，酒店都将根据顾客的个性化需求为其创造差异化体验，让顾客对酒店保持新鲜感，让顾客愿意在社交圈为酒店进行口碑宣传。

酒店数字化服务的建设路径

酒店数字化服务建设不能一蹴而就，需要经过一个漫长的过程，而且涉及很多内容。酒店数字化服务的建设路径如图 3-2 所示。

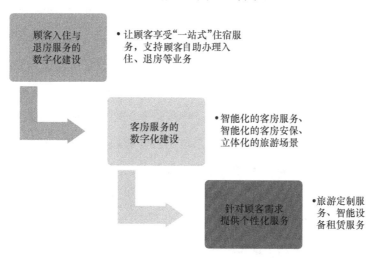

图 3-2　酒店数字化服务的建设路径

1. 顾客入住与退房服务的数字化建设

以君澜酒店引进的携程"Easy 住"项目为例，为了推动酒店服务创新，为顾客提供更加优质的酒店入住体验，携程于 2017 年 3 月发布了"Easy 住"战略，并推出了 720 度全景展示、在线选房、自助前台、闪住、智能音箱、智能客控、行李寄送等产品。

通过与携程合作，君澜酒店积极推动硬件、软件及服务加速融合，引进自动化、智能化技术推动酒店基础服务转型升级，让顾客享受到更加智能化、智慧化的酒店预订与入住服务。除了预订和入住环节外，君澜酒店的客房体验也得到了有效改善，例如当顾客在客房休息时，可以通过智能音箱对房间内的设施设备进行语音控制，查询周边旅游景点、获取本地生活服务等。

2. 客房服务的数字化建设

智能化的客房服务模式。智能管理系统提供了多种客房模式供顾客选择，例如日用模式、夜用模式、游戏模式、会议模式、接待模式等，顾客可以根据自身需求选择差异化的服务模式。不同的服务模式将在灯光、音乐、设备工作状态等方面表现出一定的差异，尽可能地为顾客提供更加贴心的优质服务。

智能化的客房安全保障。当顾客办理完入住手续打开房门时，智能客房安全保障系统便会自动启动。顾客可以通过智能手机、可穿戴设备等与该系统相连，设置客房的温度、灯光等，并实时获取客房的状态信息。当客房出现异常情况时，智能客房安全保障系统将自动向顾客及酒店员工发送报告，有效防范并应对安全事故。

立体化的旅游场景。酒店系统数据库中存储了全国各地的旅游全景地图，并设置了顾客身份识别、交互系统、反馈系统等多种模块。顾客在旅游场景体验室中可以佩戴模拟现实设备，选择自己感兴趣的旅游景点，酒店系统将自动调取数据库中的相关旅游景点数据，为顾客生成立体化的虚拟场景，让顾客足不出户便可以体验当地的美景和民俗文化。

3. 针对顾客需求提供个性化服务

提供旅游定制服务。在保障顾客安全的情况下，酒店可以根据顾客要求为其定制设计旅游路线和服务，让顾客可以在旅游过程中放松身心，获得舒适愉悦的旅游体验。需要注意的是，负责旅游路线设计的员工必须具备导游从业资质，拥有旅游专业知识和技能。

提供智能设备租赁服务。针对那些有特定需求的顾客，酒店可以开发相应的智能设备。当顾客需要租赁智能设备时，由酒店员工将设备送至顾客房间，并为顾客提供使用指导。这既能为酒店创造新的利润来源，也能彰显酒店的人性化服务理念。

路径 3：酒店营销数字化

在数字化时代，酒店接触顾客的场景更加多元、分散。顾客随时随地比较、分享、决策，再加上现金流不足、能耗等各项运营成本高，给酒店运营造成了极大的负担。在这个背景下，充分利用数字化营销手段，快速精准地连接并服务目标顾客，成为酒店破局的关键。

数字化营销是一种利用互联网、物联网、大数据等技术，以及数字交互式媒体推广产品与服务的营销模式。 数字化营销手段动态多变，处在持续迭代升级状态。酒店在开展数字化营销的过程中必须不断推陈出新，积极引进新技术、新模式。

酒店通过搭建多元化营销矩阵，整合多种营销渠道，实现对目标顾客的全面覆盖与持续刺激，是酒店企业数字化营销的主流做法。酒店官网、OTA、搜索引擎、问答社区、电子邮件、社交媒体、视频网站等都可以作为酒店的数字化营销渠道。从诸多实践案例来看，酒店在数字化营销实践过程中，最常用的做法是将多种营销渠道相结合，利用渠道间的协同联动促使营销效果最大化。

具体而言，目前酒店采取的主流数字化营销渠道主要包括以下 4 个。

酒店官网与App营销

酒店官网是酒店向公众展示酒店形象的重要媒介，具有一定的严肃性，更容易获得顾客的认可与信任。除发布官方信息外，酒店还可以通过官网向顾客提供周边旅游、餐饮、文娱等合作商家的产品和服务，打造集衣、食、住、行于一体的综合解决方案，实现多方合作共赢。酒店 App 为顾客提供了一条方便快捷的沟通渠道，同时也能让顾客方便快捷地获取酒店相关的产品与服务。

为迎合流量从线下向线上转移的趋势，酒店可以将基本信息（地理位置、周边环境、交通路线）、客房全景、服务案例等内容通过官网、App 等渠道展示出来，并邀请顾客前往线上体验。顾客可以自主选择想要体验的产品和服务，在留言区分享自己的体验经历、反馈意见等。通过对顾客在留言区留下的信息进行整理、分析，酒店可以挖掘出符合顾客潜在需求的产品和服务，从而改善现有产品和服务中的问题。

OTA营销

在酒店传统的营销模式中，酒店官网与前台是最常见的营销渠道。由于营销渠道单一且渠道建设不完善，给顾客体验造成了较大的负面影响。很多中小型酒店不重视官网建设，导致官网存在信息更新慢、功能不完善、安全性较低等问题，甚至部分中小型酒店没有官方网站。酒店前台营销以电话营销和面对面营销为主，存在营销成本高、效率低等问题。

OTA 作为旅游行业的综合性服务平台，为顾客入住酒店提供了丰富多元的选择。顾客可以在 OTA 平台快速获取各类酒店信息，并从价格、服务、评论等多个维度对酒店产品进行对比。基于这些功能，OTA 平台赢得了大量顾客的认可与支持。为了利用 OTA 的庞大流量获取客源，增加营业收入，酒店普遍选择与携程、去哪儿网、美团等平台合作，来推广自身的产品与服务。

一方面，OTA 以平台方的身份对酒店的客房、餐饮、增值服务等费用进行规范，让酒店进一步让利顾客；另一方面，OTA 会不定期推出各种营销活动，以平台红包、代金券的形式补贴顾客，为顾客降低入住成本。在这个背景下，酒店的盈利空间确实受到一定程度的挤压，但也通过 OTA 获得了源源不断的客流。

目前，OAT 平台渠道已经成为酒店不容忽视的营销渠道，无论万豪、希尔顿等豪华酒店，还是 7 天、如家等经济型酒店，都在 OTA 营销方面投入了大量资源。在做 OTA 营销时，酒店企业可以推出特色的产品组合与竞争对手开展差异化竞争，规避价格战；从图文、标题等方面做好产品详情页设计；引导顾客分享入住体验，实现口碑传播等。

H 新媒体营销

目前，在整个社会范围内，微信、微博、抖音等新媒体拥有极大的影响力，通过新媒体获取信息资讯已经成为很多网民，特别是"90后""00后"年轻网民的习惯。为了获得这批年轻消费群体的青睐，智能化酒店应该充分利用新媒体这一强大的传播工具开展营销推广。为了扩大传播效果，酒店可以同时在微博、微信、抖音、贴吧、斗鱼等多个新媒体平台运营账号，打造新媒体矩阵，实现营销效果最大化。

以四季酒店的数字化营销为例，该酒店利用社交平台提升自己的品牌声誉，通过社交媒体了解顾客的态度与需求，与顾客建立稳固的联系。四季酒店曾开展婚礼策划活动，向 Twitter 和 Pinterest 社交平台上的顾客分享了许多发生在酒店的婚礼故事，为他们提供了很多宝贵的建议。通过这种互动，四季酒店与社交平台上的大量顾客建立了联系，开发了很多潜在资源，为顾客做出了有针对性的推荐，从而提高了自己的经营业绩。

为了明确目标消费群体，四季酒店还开展了一场竞猜活动——"Maxine 畅游曼哈顿"。活动覆盖了多个社交平台，包括 Pinterest、Twitter、Instagram 和 Vine 等。在活动的过程中，四季酒店主要就家庭出行这一问题对顾客分享的内容进行对比，最终找到了自己的目标消费群体，即有出游需求的家庭。

H 特色服务营销

不同群体的购买力、消费习惯等存在一定的差异，为了提高客房销量，酒店应该积极探索特色服务模式，为自身创造更多的利润来源。例如，酒店在为高收入群体提供高质量服务的同时，也可以针对价格敏感型顾客提供相对平价的标准服务。具体的操作方式是通过大数据分析对普通顾客进行精准定位，在其离店结算时通过提供一定的折扣吸引顾客再次消费，例如顾客预支付 60% 的房费，即可在下次入住时享受全款入住服务。

路径 4：酒店建筑数字化

在酒店场景中，建筑数字化是指酒店以建筑为载体，引入物联网、大数据、AI 等先进技术，建立酒店智能控制系统，为顾客打造更加舒适宜人的入住环境，使顾客的酒店入住体验变得更加丰富多彩。具体来看，酒店的建筑数字化系统设计方案主要涵盖了楼宇自动控制系统、客房管理控制系统和智能安防监控系统 3 个模块。

楼宇自动控制系统

楼宇自动控制系统（Building Automation System，BAS）是一个将建筑技术、计算机网络技术、自动控制技术等多种技术融合在一起的智能控制系统，它赋予了酒店建筑一定的"智慧"。酒店建筑中普遍存在大量的机电设备，如果酒店沿用传统的分散管理、就地控制的管理模式，不仅耗费大量的人力、物力，管理质量也得不到充分保障。

而引入楼宇自动控制系统之后，酒店便可以对机电设备进行高效、低成本的管理，使其保持安全稳定的运行，并大幅降低其能耗。同时，楼宇自动控制系统还能为维修员、服务员等酒店员工营造安全、便利的工作环境。

西安丽思卡尔顿酒店通过引进霍尼韦尔企业楼宇集成系统，实现了对 15 项机电子系统（例如风机盘管系统、冷／热源系统、室内及室外园林智能照明系统等）和主要设备组群、近万个软硬件点数的高效管理。

此外，霍尼韦尔还为该酒店定制设计了客房控制系统解决方案，该方案利用红外传感连接 INNCOM 酒店客控系统，来对客房使用状态进行识别。顾客进入酒店客房后，不需要插入房卡就能在客房控制系统的协助下对房间内的电子设施及空调新风系统进行控制。研究数据显示，酒店引入霍尼韦尔楼宇自控、联网风机盘管控制及可控解决方案后，平均每年可以减少 25% ～30% 的能耗。

客房管理控制系统

酒店客房管理控制系统集成了通信技术、计算机控制技术、远程操控技术、自动感应技术等先进技术，利用客房中的智能控制器（Room Control Unit，RCU）形成的专用网络，可实现对酒店客房门禁系统、安防系统、智能灯光系统、背景音乐系统、中央空调系统、服务系统等的智能管理。

利用客房管理控制系统，酒店可以实时获取客房状态、服务情况、设备设施情况、顾客需求等信息，更加高效精准地管控客房资源，改善顾客的入住体验。目前，凭借功能丰富、兼容性强、可无缝对接酒店管理系统等优势，酒店客房管理控制系统已经成为数字化酒店的一项基础设施。

2017 年 12 月，希尔顿酒店推出了"Connected Room（智能客房）"项目，该项目能够实现顾客与酒店房间之间的交互。顾客入住之后，能够用自己的智能手机对房间里的各种设备进行控制，按照个人需求与偏好调节房间里的环境。具体而言，通过希尔顿推出的官方应用，顾客能够调节房间里的灯光、温度、湿度及各类电器设备。

与此同时，万豪国际集团携手三星与罗格朗推出了"智能交互体验客房"项目。该项目致力于采用人工智能技术提前感知顾客需求，进行服务升级，提升顾客的住宿体验。万豪酒店的智能酒店客房包括两类：一类是全新建造的客房；另一类是进行智能化升级后的传统客房。其中，全新建造的客房能够为顾客提供多种多样的智能服务，内部配备的智能设备也更加丰富，例如智能淋浴系统、智能相框等。顾客能够对房间里的灯光、温度、湿度进行调节，并且能够自由选择装饰品，还能够在其他人来访时，通过房间里安装的传感器增加空气里的含氧量。此外，房间还配备了声控系统。

数字化升级后的客房未配备声控系统，设备类型也没有那么丰富。顾客能够通过电视遥控器对房间里的设备进行智能化控制。现阶段，万豪酒店的客房控制方式主要包括3种，即遥控器控制、手动控制及声控方式，今后会推出自己的官方应用。

与希尔顿酒店一样，万豪酒店的智能酒店客房项目也能够根据顾客的个性化需求为其提供相应的服务，提升顾客的入住体验。不过从细节方面来说，两者存在明显不同。

酒店客房管理控制系统如图 3-3 所示。

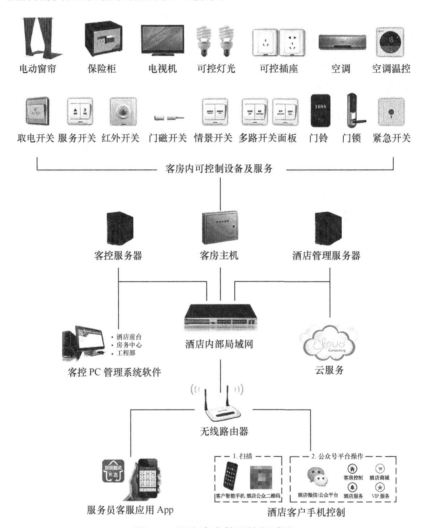

图 3-3　酒店客房管理控制系统

智能安防监控系统

智能安防监控系统（Intelligent Security Monitoring System，ISMS）应用

了图像处理技术、模式识别技术、计算机视觉技术等先进技术，基于酒店综合管理平台，利用视频监控系统、门禁管理系统、报警系统、梯控系统、显示大屏系统、智能停车场系统等多种智能子系统，提高酒店建筑的安防能力，为酒店入住顾客及酒店员工的人身安全及财产安全保驾护航。具体来看，酒店智能安防监控系统的六大模块见表3-3。

表3-3　酒店智能安防监控系统的六大模块

系统模块	主要功能
视频监控系统	酒店是一个人流量很大、来源分散的综合性服务场所，酒店大堂、前台、餐厅、候梯厅等公共区域更是客流聚集地。为了保障顾客人身与财产安全，在酒店公共区域安装视频监控系统非常有必要。安装视频监控系统后，酒店安保人员可以随时监控公共区域，在出现突发事故或事故即将发生时及时采取有效的措施。同时，视频监控系统还可以提供视频录像，便于安保人员及警察取证，对不法分子形成威慑
门禁管理系统	门禁管理系统不仅可以用于酒店客房，还能用于酒店机房、库房、财务室、配电室等重要场所。门禁管理系统支持门卡、密码、指纹、虹膜等多种授权方式，并且能与视频监控系统协同配合，提高重点区域的安防水平。酒店运用门禁管理系统后，不仅可以加强人身及财产安全，还能规范酒店的人事管理，提高酒店的管理水平
报警系统	报警系统包括报警主机和前端报警检测器两个部分，主要作用是对酒店特定区域进行警情监测与防范。其中，前端报警检测器又分为红外双鉴报警器、烟感报警器、水浸报警器、燃气报警器等，一旦监测到警情，报警检测器会立即向报警主机发送警报信息，然后由报警主机判断警情级别并采取相应措施
梯控系统	梯控系统可以对电梯使用权限进行授权，从而增强酒店电梯使用的规范性，保障酒店内部的财产安全，避免无关人员频繁使用电梯影响其他顾客休息
显示大屏系统	显示大屏系统主要部署在酒店监控中心和酒店会议厅。以酒店会议厅为例，此前，酒店会议厅的显示系统主要采用多台投影仪或多台显示器相结合的方式。然而投影仪存在显示效果差、使用寿命短等问题，大型显示器则存在后期维护难度大等弊端。同时，将多台投影仪与显示器相结合的显示系统比较低端，不利于酒店维护自身良好的形象。而显示大屏系统具有经济、美观、稳定、使用寿命长等优势，可以有效满足酒店商务顾客的多元化会议需求
智能停车场系统	为了方便顾客入住，很多酒店配备了停车场。传统停车场采用人工管理模式，车辆进出需要登记，严重降低了车辆出入效率。智能停车场系统由出入口系统、车位引导系统、停车检测系统、反向寻车系统等系统构成，采用无人管理模式，可以降低酒店的人力成本，提高车辆出入效率。与此同时，智能停车场系统还能与视频监控系统形成联动，有效解决车辆剐蹭、人为破坏车辆后逃逸等事故取证难问题

数字化转型痛点与解决之道

⊞ 酒店数字化转型面临的痛点

目前，数字化酒店在技术应用及发展方面取得了显著成绩，但其发展远未进入成熟阶段。具体来看数字化酒店的建设与发展仍面临以下挑战。

1.盲目从众，产品缺乏差异化

技术更新迭代速度快，而大部分酒店并未引进熟悉技术应用的专业管理者，对数字化酒店的概念缺乏清晰、深入的了解，片面地认为只要应用了先进设备、改变了传统的装修方式就实现了数字化运营。部分酒店局限于当前的发展模式，虽然不断引进高科技技术与系统，却固守传统的业务流程，难以让先进技术、数字化设备真正落地应用，发挥出其应有的价值。

2.资金短缺，体验提升不明显

酒店行业在发展的过程中出现了许多问题，很多酒店陷入资金短缺困境，无法及时升级产品、引进先进技术、优化服务方式。在这种情况下，酒店的信息系统建设不够完善，经常出现质量问题，尽管实施了信息化改造，但最终并未给顾客带来更为优质的体验。

3.聚焦营销，缺乏对服务的重视

很多酒店将大部分精力投入到品牌宣传、产品营销上，积极发挥新技术在营销环节的推动作用，却没有认识到智慧服务对数字化酒店的重要性。事实上，酒店应该通过优质的服务来改善顾客体验，增强顾客黏性。但有些酒店在应用定位系统、红外感应技术的过程中，泄露了顾客隐私，降低了顾客的信赖感。

⊞ 酒店数字化转型的3条建议

为了克服上述问题，推进酒店的数字化转型，我们提出以下3条建议。酒店数字化转型的3条建议如图3-4所示。

1.将科技与服务联系起来，着力提升品质

对于数字化酒店而言，科技与服务缺一不可。科技发挥驱动作用，服务发挥导向作用，科技与服务相互配合，才能实现真正的数字化。数字化酒店在建设过程中要升级服务，并将升级服务作为落脚点，提升整体的管理效益，而不是单纯地追求应用更多的先进技术。

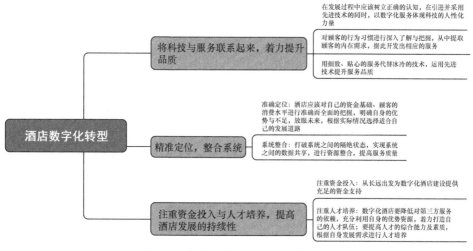

图 3-4 酒店数字化转型的 3 条建议

数字化酒店在发展的过程中应该树立正确的认知，在引进并采用先进技术的同时，以数字化服务体现科技的人性化力量。要对顾客的行为习惯进行深入的了解与把握，从中提取顾客的内在需求，据此开发出相应的服务，将数字化服务理念贯穿数字化酒店建设的全过程。用细致、贴心的服务代替冰冷的技术，运用先进技术提升服务品质，使数字化酒店获得长远发展。

2.精准定位，整合系统

一方面要进行准确定位。准确定位是数字化酒店建设的第一步，酒店应该对自己的资金基础、顾客的消费水平进行准确而全面的把握，明确自身的优势与不足，放眼未来，根据实际情况选择适合自己的发展道路；酒店要提高对新兴消费群体、年轻消费群体的关注，开展社群化运营，实现流量积累，推出个性化服务，增强顾客黏性。另一方面要进行系统整合，打破系统之间的隔绝状

态，实现系统之间的数据共享，进行资源整合，提高服务质量。酒店要将从移动平台、酒店管理系统、顾客关系管理系统中获取的顾客数据整合到一起，进行高效分析与处理，实现对其价值的充分利用。

3. 注重资金投入与人才培养，提高酒店发展的持续性

一方面，数字化酒店建设要注重资金投入。酒店企业要从长远出发为数字化酒店建设提供充足的资金支持。在具体的运营过程中要根据实际情况，实现资金资源的优化配置与高效利用，突出酒店的核心竞争优势，提高资金管理效益。另一方面，数字化酒店建设要注重人才培养。数字化酒店的长远发展有赖于优秀人才的支撑。数字化酒店的建设与发展涉及多个学科与领域，要求从业人员在掌握酒店管理及服务理论的同时，能够灵活开展酒店的经营与管理工作，对大数据、信息技术进行深入了解。

从长期来看，数字化酒店要降低对第三方服务的依赖，充分利用自身的优势资源，着力打造自己的人才队伍。数字化酒店要提高人才的综合能力及素质，根据自身发展需求进行人才培养，设计明确的数字化酒店建设与发展规划，让员工在实践的过程中不断丰富自身的知识，持续提高酒店的服务水平，为酒店的长远发展提供支撑。

第 4 章
科技感爆棚的智能无人酒店

揭秘阿里"未来酒店"

随着交通工具越来越便捷，异地出差或者异地旅游逐渐成为常态，人们选择入住酒店成为一种普遍现象。然而对很多人来说，住酒店的体验并不美好。例如，很多人在酒店前台办理入住手续时会遇到这样的情况：前台排起长长的队伍，无精打采的前台服务员不耐烦地催促顾客拿证件，遇到脾气暴躁的顾客很有可能因此发生争执，等待了半个多小时终于轮到自己，却被告知房源不足，想要入住必须加价……有的人还会遇到在 OTA 平台预订房间后，却被酒店无故取消订单而无处入住的情况。

面对这些情况，处于弱势方的顾客往往很难维护自身的合法权益，为了获得片刻的休息，只能忍受这些劣质的酒店服务。2018 年 12 月 18 日，全球首家"未来酒店"——菲住布渴酒店（FlyZoo Hotel，寓意"非住不可"）于杭州西溪园区正式开业。该酒店由阿里巴巴推出，筹备了 30 个月，酒店内广泛应用了 AI 智能，支持全场景身份识别。在这家酒店中，智能机器人取代了大堂经理、前台甚至保洁员等职位，实现了顾客入住全过程无人化。

阿里"未来酒店"的"未来体验"

顾客进入酒店大堂会见到一个圆柱形迎宾机器人，这个机器人配备了人脸识别功能，可以快速识别顾客身份，判断出来访者是入住酒店的顾客，还是工作人员等。阿里"未来酒店"极具科技感的大堂设计如图4-1所示。

完成顾客身份确认后，迎宾机器人将引导顾客坐电梯前往房间。机器人带领顾客入住如图4-2所示。包括电梯、餐厅、健身房、客房在内的各个服务场所都采用刷脸的方式进行身份验证。

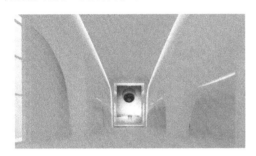

图 4-1　阿里"未来酒店"极具科技感的大堂设计　　图 4-2　机器人带领顾客入住

顾客在迎宾机器人的带领下来到电梯口，电梯配备的无感梯控系统自动完成顾客身份验证，确认顾客需要乘坐电梯后，电梯门自动开启，将顾客送到入住房间所在的楼层。顾客来到房间门口，房间门口安装的自动识别设备将快速识别顾客身份，自动打开房门。

顾客进入房间后不需要插卡取电，客房会自动调整为迎客模式：灯光自动开启；电视自动开启，并进入欢迎界面等。顾客入住酒店期间，智能机器人会代替传统酒店服务员为其提供服务，客房内的空调、电视、窗帘、灯光等设备都已经实现智能化，顾客可以躺在床上通过天猫精灵对这些设备下达指令。阿里"未来酒店"的客房设计效果如图4-3所示。

顾客想要办理退房手续时，不需要等

图 4-3　阿里"未来酒店"的客房
设计效果

待查房，可以直接通过酒店 App 完成结算退房。顾客退房离开后，酒店将采用类似外卖派单的形式，利用地理位置定位系统向距离已退房间最近的保洁员发送工单。保洁员会按照工单要求前往指定房间开展打扫工作。

▦ 阿里"未来酒店"的启示

1. 全智能化

AI、IoT、大数据、云计算等技术的不断发展，为酒店的数字化升级提供了巨大的推力。阿里"未来酒店"正是通过应用一系列智能技术与设备为顾客创造了极致的入住体验。目前，很多酒店在推进数字化建设时引进的智能设备以智能家居设备为主，这类设备往往是单体智能设备，设备与设备之间无法做到良好的协同联动。未来，数字化酒店必将实现全智能化，一切设备皆智能，让入住酒店的顾客无时无刻地享受人性化、智慧化的服务。

2. 去人工化

从控制经营成本、增强服务质量的稳定性、提高酒店经营管理水平等方面来看，由机器人取代人工是很有必要的。因此，去人工化是数字化酒店的一个重要发展方向。身处数字化酒店中的顾客虽然看不到服务人员，却可以全程享受到人性化服务。

3. 时尚个性化

同质化是传统酒店面临的一项重要问题，传统酒店不仅装修设计同质化，产品与服务也存在同质化。阿里"未来酒店"采用了充满科技感的装修设计，顾客在酒店内可以感受到极简线条美及未来感。在大堂、候梯厅、电梯、走廊、餐厅、健身房等场所，顾客都能与身边的智能设备交流互动，从而产生穿越到未来般的感受。

4. 住宿安全化

酒店的安全性是衡量酒店服务水平的重要指标。在新媒体时代，酒店一旦出现安全事故，经过社交媒体的广泛传播，会使自身声誉受到巨大损害。阿里"未来酒店"采用人脸识别等高科技手段，通过动态密码提高酒店安防水平，没有密码的人不能进入酒店大门，更不用说进入酒店各个房间。极高的安全性让处在陌生城市的顾客可以安心入住。这提醒在建设数字化酒店时，要加强酒店安防体系的建设，积极引入更先进的安防技术与设备，提高员工的安防意识，为顾客的人身与财产安全保驾护航。

汉庭 3.0 的科技之路

因公务出差的小林通过地图导航来到一家汉庭 3.0 酒店，走进酒店大堂后，迎宾机器人立即来到小林面前，说道："您好，我是华小二。"接着这位名叫"华小二"的迎宾机器人领着小林来到自助系统"华掌柜"面前办理入住手续，小林根据"华掌柜"的提示刷身份证确认身份信息后选择了一间心仪的客房。选完房间，"华掌柜"告知小林已经完成入住手续办理。

接着，迎宾机器人"华小二"向小林说道："请跟我来。"不一会儿，小林便在"华小二"的带领下来到了电梯前，此时，提前接收到信息的电梯已经打开了电梯门，并自动设置到目标楼层。看到小林进入电梯后，迎宾机器人"华小二"便返回岗位服务其他顾客。

走在走廊中的小林发现他挑选的客房门口已经自动亮灯。来到门前，小林输入密码后进入房间，房间的空调已经开启。小林表示："Hello，华住，空调温度再低一点，拉开窗帘，放古典音乐。"房间里的智能音箱立即回应他："好的。"接着空调自动调低温度，窗帘自动开启，音箱里传出了巴赫的《勃兰登堡协奏曲》……

小林的经历并非科幻电影中的场景，而是入住汉庭 3.0 酒店之后的真实经历。2019 年 7 月，华住集团举办了以"用心智造国民酒店"为主题的汉庭 3.0 新品发布会，这标志着华住集团在数字化酒店建设道路上迈出了坚实的一步。

⌂ 未来已来，智能化从中后台走向前台

现代科技的迅猛发展，有力地推动了智能机器人在各行各业的落地应用，

阿里巴巴、京东、亚马逊等零售巨头推出无人超市；谷歌、百度研发无人驾驶汽车；大疆、亿航等推出无人机……智能产品与服务已经开始走进大众生活。

一直以来，酒店普遍对升级装修硬件设施、推动服务精细化更为青睐，在技术革新方面相对滞后，技术应用主要体现在酒店中后台领域。然而，随着酒店行业不断发展与完善，现代科技在推动酒店经营管理升级方面的作用愈发凸显。

与跨界布局数字化酒店的阿里巴巴不同，作为酒店行业的领导者，华住集团在酒店经营方面积累了丰富的经验，运营着超过5000家酒店，覆盖全国400多个城市，拥有超过8万名员工，其积极推进数字化酒店建设的发展战略，将给整个酒店行业带来深远影响。

汉庭3.0酒店高水平产品与服务背后是AI、IoT等先进技术的应用。未来，将会有越来越多的酒店积极引进现代科技，促使酒店智能化从中后台走向前台，让广大顾客充分享受科技给生活带来的便利。

汉庭3.0数字化酒店：数字化将推动行业生态重构

华住集团在建设数字化酒店时，没有从旗下的全季酒店、花间堂酒店等中高端酒店品牌切入，而是选择了汉庭酒店这个大众化、亲民的经济型酒店品牌。为何华住集团会采用这种做法呢？原因其实并不难理解。

一方面，酒店推进数字化建设的一大优势在于，通过科技赋能，降低运营成本、加速扩张，而经济型酒店的复制操作难度较低，更有利于华住集团进一步扩大市场份额；另一方面，经济型酒店的目标消费群体更追求性价比，华住集团通过推进汉庭酒店数字化建设可以让顾客在同等价位下享受高质量服务，从而培养更多的忠实顾客。

在汉庭3.0酒店大堂内，汉庭安装了迎宾机器人、送物机器人、华小AI、智能货柜、华掌柜等智能设备，能够有效缩短响应时间，改善顾客的入住体验。以办理入住手续环节为例，每台"华掌柜"可替代0.54个人力，顾客使用"华掌柜"办理入住手续，平均不到30秒即可完成。仅2018年，"华掌柜"使用人次便高达1140万。

有行李寄存需求的顾客，可以在酒店大堂内自助完成行李寄存，而且顾客还能使用手机上安装的华住会 App 享受同城行李寄存服务。

在客房内，汉庭 3.0 酒店为顾客安装了无线充电设备，并将其与床头板融为一体，进一步提高了使用的便利性；顾客使用手机打开房门后，房间内的空调、灯光等设备将自动开启；房间内的智能音箱嵌入墙体，其 AI 系统可以识别 7 种方言。

实现前端与后端的高效协作

汉庭 3.0 酒店将使酒店运营更加智慧，员工利用华通 App 获取丰富多元的智慧功能。华通 App 的功能架构如图 4-4 所示。

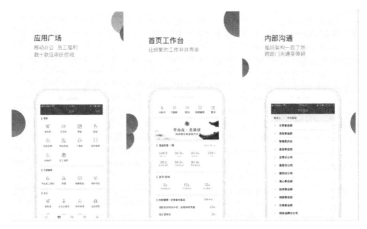

图 4-4　华通 App 的功能架构

华通 App 依托华住集团打造的全球酒店行业最大的云系统平台，员工可以从平台获得远程 IT 支持，通过这款 App，汉庭酒店将有效提高人效比，通过"大数据底层服务＋数字化运营平台"实现前端消费应用与后台管理系统的无缝对接，在提高酒店挖掘新消费需求能力的同时，还能加强酒店内部管理，提高组织竞争力。

目前，汉庭 3.0 酒店已经实现了 100% 模块化建设，这意味着酒店内所有产品的设计和制造都已经实现工业化，使与之合作的加盟商大为受益。汉庭酒店公布的数据显示，通过工业化批量生产与加工，汉庭 3.0 酒店将营建周期缩短了 1/3，并将单间房造价控制在 6 万元左右。

🏨 科技的本质是让酒店更有温度

华住集团打造的汉庭 3.0 酒店，并非为了制造噱头来迎合愿意尝试新鲜事物的年轻消费群体，而是为了让现代科技带来的红利辐射到更广的区域、更多的人群。

单纯从技术角度来看，汉庭 3.0 酒店可以实现无人化，但出于为顾客创造价值考虑，汉庭没有采取这种方案。目前，汉庭 3.0 酒店已经在很多服务细节方面引入现代科技与设备来优化顾客体验，为了让顾客获得足够的安全感、温馨感，配备了高水平的员工团队。

单纯地堆砌科技只能让酒店在短期内博得关注，没有情感与温度的酒店无法长期生存。汉庭 3.0 酒店从顾客需求出发，在迎合顾客住宿习惯的前提下，引入现代科技升级酒店产品与服务，这一点值得国内广大酒店企业学习借鉴。

推动互联网、大数据、人工智能等现代科技与实体经济深度融合，是我国经济转型的重要驱动力。汉庭 3.0 酒店作为利用现代科技赋能传统酒店的典型案例，向外界展现了传统企业通过拥抱新技术、新模式、新理念，从而有效激发活力与潜能，创造巨大经济效益与社会效益的事实。未来，酒店企业在建设数字化酒店的过程中，要以人为本，用科技提升住宿的幸福感、获得感，让顾客住得安心、舒心、放心。

无人酒店与智能机器人

近几年，很多酒店采用了智能机器人。例如，希尔顿酒店联手 IBM 公司对机器人前台进行了探索；隶属于喜达屋酒店集团的 Aloft 酒店将机器人应用到客房服务环节；隶属于洲际酒店集团的皇冠假日酒店同样采用了此类机器人产品，为顾客提供客房用餐服务，为顾客递送吹风机、浴巾等。

🏨 智能机器人对酒店来说意味什么

智能机器人是无人酒店的重要基础设施。在酒店运营过程中，智能机器人能够胜任 10 多个岗位的工作，其应用场景涵盖了酒店预订、前台接待、客房服务、物品运送、行李存取、安防巡检、餐饮服务、休闲娱乐等。此外，机器人还能与顾客进行互动，为顾客提供酒店介绍、天气咨询、产品推荐等个性化服务。

以聊天机器人在酒店行业的应用为例，目前包括缤客[1]在内的酒店预订平台都使用了聊天机器人，提高了人机交互的效率，让顾客不必因为等待人工服务而浪费时间。虽然聊天机器人无法做到与顾客面对面交流，但它们全天 24 小时在线，能够时刻为顾客提供服务。

位于拉斯维加斯的丽都酒店有一个幽默风趣的聊天机器人，名为 Rose。顾客入住丽都酒店后，会收到一封写有 Rose 联系方式的信，信里通常还会加上一些逗趣的话。当顾客与 Rose 交流时，Rose 会表现出俏皮可爱的语言风格，为顾客提供各种娱乐休闲的建议。

虽然这些建议大多是在为顾客推荐酒店的娱乐服务，但当顾客想去酒吧、KTV 或餐厅等场所时，Rose 可以通过调动 VIP 特权为顾客提供一些便捷服务，例如免入场费、免排队等。如果顾客有需要，Rose 还能为顾客提供额外服务，例如带顾客参观酒店的艺术展。

Rose 会对酒店的忠诚顾客增加关注度，偶尔还会为顾客提供额外的福利，例如免费观看音乐会等。Rose 还能根据顾客的喜好做出个性化推荐，例如，顾客如果经常持会员卡到某个餐厅就餐，Rose 就会通过分析顾客的消费数据，为顾客推荐他最喜爱的美食。

基于 AI 的个性化房间定制

借助 AI 技术的分析功能，酒店能够根据顾客的喜好布置客房，为顾客定制个性化的房间。定制内容包括客房内的摆件、亮度、温度，以及电视节目、音乐等。通过个性化定制，酒店可以在最大程度上获取顾客好感，提高顾客的回头率。同时，顾客入住酒店的次数越多，酒店收集到的顾客信息就越多，就越

---

1 缤客是全球最大的网上住宿预订公司，隶属于 Priceline Group 集团，总部在荷兰阿姆斯特丹。

能把握顾客的习惯和需求。

2018 年，IBM 公司宣布其研发的沃森智能助理以无线连接的方式将 AI 与物联网结合到一起，使室内布置能够根据顾客的喜好自动调整，而且通过手机与室内智能设备连接，还能将手机上的邮件和日历同步到其他设备上。

IBM 公司和哈曼共同研发的语音识别认证系统，能够为顾客提供额外的帮助或服务。例如，顾客可以通过这个系统选择离店时间、查询出行路线，或者要求获得额外的早餐、饮品或洗漱用品等，在功能上类似于家庭自用的语音助手。

这种 AI 技术能够准确把握每位顾客的信息，为顾客定制极具个性的客房。在酒店行业中，虽然这种 AI 技术还没有被广泛使用，但不可否认的是，凭借独特的个性化定制功能，这种技术对酒店行业产生了强大的吸引力。

「H」"未来酒店" 人会被智能机器人取代吗

目前，智能机器人迎来新一轮爆发，服务型机器人的应用越来越普遍，劳动力密集型的酒店行业能够将服务型机器人的应用价值集中体现出来。**智能机器人可以给员工提供高效的辅助，代替员工完成部分工作，通过这种方式让酒店减少人力成本支出，提高工作效率，完善服务体系，提升整体管理能力，对顾客实施精细化管理，持续进行新产品开发，从而提高顾客对酒店的认可度。**

面对汹涌而来的 AI 智能革命，许多酒店从业者开始思考一个问题：在不远的将来，智能机器是否会取代人工呢？

事实上，机器取代人是当前人类社会发展的一个必然趋势。在酒店行业，受岗位特性、工作内容等因素的影响，餐厅接待员、服务员、收银员、送餐员可能会率先被机器取代，其他岗位（例如礼宾部的迎宾员、行李员等）也存在被取代的可能。

随着智能科技的不断发展，没有哪个工作岗位是绝对无法被机器取代的。通常而言，以脑力劳动为主的酒店经营管理者，以及贵宾接待员等工种短时间内被取代的概率较低。当然，不同星级酒店的产品与服务的要求有所差异，星级越高的酒店往往对人工的依赖性越强。

人口老龄化是世界各国普遍面临的问题，中国也不例外。在这个背景下，人工成本将越来越高，大力发展智能机器人，并推动其在酒店等行业应用很有必要。长期来看，机器是解决酒店用工荒的一个重要手段，但由于机器智能水平相对不足，所以机器取代人的现象短时间内不会在酒店行业频繁出现，可能需要 5 ～10 年的时间才能看到明显效果。此外，智能机器人的广泛应用将有力推动酒店行业的就业结构发生变化，经过更多教育与实战训练的人才有机会留在工作岗位，很多岗位的就业门槛将因此得到进一步提高。

颠覆者，还是乌托邦

近几年，随着阿里巴巴"菲住布渴"等无人酒店项目的落地，无人酒店开始进入大众视野。从酒店从业者的视角来看，无人酒店是一个具有里程碑意义的尝试，它为酒店经营管理模式的创新提供了新思路。广大酒店从业者需要对其发展与应用产生足够的认识。

目前，无人酒店的一个最大特征就是通过运用现代科技实现酒店产品与服务的自动化、智能化。那么，我们不禁要思考无人酒店用智能机器人取代人工真的具有可持续性吗？未来，无人酒店是否会成为主流趋势？下面，我们通过对行业的深度观察与思考，对无人酒店的未来进行简单分析。

H 生存之困：传统酒店面临的三大困境

目前，传统酒店正遭遇强烈冲击，这种冲击不仅体现在 OTA 平台挤压利润空间、互联网巨头跨界竞争等外部层面，内部层面遭受的冲击也尤为严重。传统酒店面临的三大困境见表 4-1。

表4-1 传统酒店面临的三大困境

酒店发展困境	具体表现
人力服务弊端明显	传统酒店的服务对人力有较高的依赖，迎宾员、服务员、保洁员等服务人员直接影响酒店的服务质量。然而，近年来酒店人力服务的弊端愈发突出，例如，天气变化、睡眠质量、颜色刺激等都可能使酒店服务人员出现情绪波动，而情绪波动又会影响其工作表现，导致服务质量时好时坏；人的时间与精力有限，在客流高峰期，虽然酒店服务人员忙得焦头烂额，但仍有很多顾客需求得不到及时响应
服务内容较为单一	"B+B（Breakfast +Bed，早餐＋床）"是传统酒店的主流服务模式。对于需求多元化、个性化的顾客而言，这种单一的服务内容根本无法满足其需求。例如，对于商务人士而言，他们需要酒店提供基本的办公服务，满足其在客房内工作、参加视频会议等需求；对于休闲度假的游客而言，他们需要酒店提供周边信息服务，使其可以方便快捷地获取景点、天气、交通等信息
人力成本较高	传统酒店的成本主要包括员工薪资、能源损耗及餐饮支出3项。此前，员工薪资在传统酒店经营成本中的占比通常在20%左右，近几年这一数字逐步攀升，导致传统酒店面临的经济压力越来越大。但员工是传统酒店的关键构成要素，人力成本属于必要开支，为了确保酒店良性运转耗费一定的人力资金很有必要。与中低端传统酒店相比，高端传统酒店对人工的需求量往往更大，例如，以服务质量见长的五星级酒店为了让顾客享受如"上帝"般的待遇，需要雇佣大量服务员、迎宾员、保安、前台、保洁员等，导致其人力成本比中低端传统酒店高很多

异军突起：无人酒店的运营优势

通过转型升级打破发展困境是传统酒店的必然选择。对于传统酒店来说，无人酒店是一种有效的升级方式，还是推动传统酒店走向灭亡的加速器，是当前酒店从业者关注的焦点。但有一点毋庸置疑，无人酒店确实拥有一些传统酒店难以媲美的运营优势。无人酒店的运营优势见表4-2。

表4-2 无人酒店的运营优势

运营优势	具体表现
釜底抽薪，提高服务水平	无人酒店用机器取代人工，整个酒店没有或者只有很少的员工，从根本上解决了人工服务造成的服务质量不稳定、服务效率低下等问题。例如，在无人酒店中，当顾客想要办理入住或退房手续时，使用大堂的自助服务终端就可以在几秒内完成办理；当在客房休息的顾客想要一瓶饮料时，只需要向房间内的智能音箱发出指令，很快便会有智能机器人送货上门

（续表）

运营优势	具体表现
从有到无，节约人力成本	人们在传统酒店习惯了有服务人员，如果找不到服务人员可能会感到生气，认为酒店服务水平低下。但在无人酒店内，人们将习惯没有服务人员，如果突然看到一位服务人员可能会感到好奇。正是因为无人酒店没有或很少有服务人员，人力成本可以降到极低的水平，甚至在酒店成本中几乎可以忽略不计
化简朴为精致，打造优质生活空间	以客房场景为例，无人酒店客房支持顾客通过语音交互控制各种智能设备的运行状态，顾客只需要说出自己的想法，智能设备便会按照指令执行。例如，顾客发出指令"启动观影模式"，窗帘会自动关闭，灯光会自动调暗，电视会切换为巨幕影厅效果（例如无损超高清、近距护眼、光影驱动、超高清蓝光解码等）。可以说，无人酒店将通过强大的科技手段对酒店产品与服务进行改造升级，让顾客获得前所未有的极致享受

未来探索：无人酒店背后的冷思考

无人酒店的出现确实让传统酒店转型有了更多可能，但其仍处于起步和探索阶段，运营模式、商业模式等尚未成熟，尤其是以下几个问题尚待解决。

1. 机器服务缺乏"人情味"

迎宾机器人、自助终端机、送货机器人、搬运机器人等智能机器人的应用，对提高传统酒店顾客响应及时性、降低运营成本等确实具有积极影响，但与服务人员相比，智能机器人与顾客的交互过程明显缺乏人情味。目前，给予情绪低落的顾客一些安慰，顾客退房时向顾客表示感谢等对服务人员来说非常简单的事情，智能机器人却很难实现。

对于旅行在外的顾客而言，陌生的人、陌生的环境很容易让他们产生孤独感，所以，他们在入住酒店时希望获得温暖的情感体验。基于这些情感需求，传统酒店盲目追求无人化很难实现可持续发展，更可行的方案是通过人机结合让顾客一边享受智能机器人提供的便捷高效服务，一边感受到服务人员的人性关怀。

2. "无人"模式尚未成熟，安全问题有待考证

无人酒店需要使用大量的数据为顾客提供服务，但这可能会侵犯顾客隐私。同时，无人酒店的运营管理主要借助多种集成系统的密切配合，而这些集

成系统存在被黑客入侵的风险。如果被黑客攻破，可能会导致酒店安防体系形同虚设的情况出现。因此，无人酒店的安全问题仍有待验证。

3.智能设备维护成本高昂

海量的智能设备支撑起无人酒店，为了尽可能地让这些设备始终处于良好的运转状态，无人酒店需要定期对这些设备进行维护。设备维护需要投入较高的成本，再加上无人酒店是否能够盈利还有待验证。在这种情况下，很多传统酒店可能会先观望，等无人酒店模式得到成功验证后再开始布局。

综合来看，无人酒店的发展和应用，给陷入发展困境中的传统酒店破局突围提供了新思路。从实践应用方面来看，无人酒店的运营管理存在的一系列问题尚待解决。但随着AI、IoT等现代科技不断发展，很多问题将得到有效解决，使无人酒店的大规模落地成为可能。需要指出的是，在可预见的未来，科技无法完全取代酒店服务人员，研究发展无人酒店是为了提高酒店服务顾客的能力，而不是舍本逐末地追求酒店无人化。

第二部分
技术应用：驱动酒店数字化升级

第 5 章
AI 酒店：开启万物智能时代

"未来酒店"：AI 比你更懂你

近年来，人工智能技术迅猛发展，在各行各业实现了广泛应用。许多酒店开始在经营管理的过程中运用 AI 技术，以提高服务质量，优化顾客体验。具体来讲，人工智能究竟能给酒店行业带来什么？在酒店行业，人工智能可以应用于哪些领域？又有什么样的可能性呢？

随时随地保持联系

顾客在入住酒店的过程中难免会遇到各种各样的问题，联系前台可能无法得到及时回复。为了解决这一问题，酒店可以在每间客房部署一个聊天机器人，保证顾客能够得到 24 小时不间断的信息服务。例如，借助亚马逊 Alexa 或苹果 Siri 等语音助手为顾客提供问答服务等。

打破语言障碍

为顾客提供定制化服务是每家酒店的基本任务，但这个任务的完成与酒店员工的业务能力紧密相关。当酒店接待国际顾客时，必须提供相应的语言服务，然而酒店却无法使每位员工掌握多门外语。在这种情况下，聊天机器人和语音助手就发挥出巨大的作用，它们可以打破语言障碍，实现无障碍交流。聊天机器人和语音助手能够通过自然语言处理（Natural Language Processing，NLP）为顾客提供相关的服务信息，如果训练得当，它们还能帮助顾客解决更加复杂的问题，达到人工客服的服务水平。

为顾客提供个性化体验

有些酒店选择建立在旅游景点或度假区，这些酒店附近的配套设施较多，能够为顾客提供多种休闲娱乐方式。正是因为选择太多，顾客难免会遇到选择困难的问题。为了解决这个问题，酒店可以将 AI 技术应用到个性化服务中。

AI 不仅能够为顾客提供有关出行的全部信息，而且可以帮助顾客掌握其中最有价值的内容。同时，AI 还能根据顾客之前的入住数据，对顾客的喜好、习惯和探索心理进行分析，有针对性地为其提供娱乐、美食和购物的建议。目前，MSC 软件公司正在研发具备多种功能的 AI 产品，并计划推出全新的数据助手，帮助酒店为顾客提供更加个性化的服务。

客房服务升级

过去，顾客想要获取酒店的餐饮服务，只有向前台打电话这一条途径，不但效率低，而且无法了解所点食品或饮品的特点。目前，顾客的点餐流程已经非常简洁，因为许多酒店将餐厅运营与客房服务结合在一起。例如，入住阿丽雅酒店的顾客可以直接在顾客服务系统中搜索、查看、购买自己喜欢的餐饮产品。而且随着 AI 技术的广泛应用，顾客可以随时跟进自己的订单，获得符合心意的美食推荐。

提高回头率

迄今为止，酒店行业仍然使用"欢迎下次光临"这类用语。其实，凭借 AI 技术的各种强大功能，酒店完全可以以更加自信的姿态面对顾客。在数据助手和其他 AI 产品的帮助下，酒店可以迅速收集顾客对服务的反馈，找到自身经营上的不足之处，查漏补缺，有针对性地调整酒店的服务方向、发展策略。现阶段，许多酒店正在和第三方预订平台（例如 Expedia、Booking 等）合作研发产品，即利用 AI 技术与顾客保持联系，并通过分析顾客之前的入住数据，制订合适的出游计划和方案。

客房体验的未来新形态

对于酒店行业来说，最重要的任务是提高顾客入住的满意度。如果顾客对入住体验不满意，即便聊天机器人或语音助手的功能再多，也不会改变顾客的心情。因此，酒店在将 AI 产品应用到客房中时，首先要保证这些 AI 产品不会引起顾客反感。

目前，AI 技术仍在快速发展，未来还会出现更多的 AI 产品。对于这些产品，酒店管理者需要提前考虑它们的适用场景，预测它们可能会帮酒店解决哪些问题，这是酒店获得长期发展的关键。

总之，为了从整体上提高顾客对酒店服务的满意度，酒店必须充分利用现有的 AI 技术，预测和满足顾客的服务需求。

AI 酒店的五大黑科技

母语预订体验

Chatbot（聊天机器人）能够改变酒店现有的预订模式，促进访客转化。Chatbot 具有多种语言选项，可以用顾客的母语为顾客服务，提高人机对话的效率，一般用来代替网站原有的人工客服。

研究发现，顾客在预订酒店时并不排斥平台上的智能推送，因此 Chatbot 能够比较容易地被顾客接受。Chatbot 机器人通过秒回信息、全天候在线和个性化推荐，有效提升顾客预订酒店时的体验，提高下单率，将访客成功地转化为顾客。

首旅如家旗下首家主打社交、智能、娱乐的 YUNIK HOTEL，客房中设有语音"AI 服务员"、VR 娱乐游戏眼镜和智能中控面板，顾客可以通过与语音"AI 服务员"对话控制房间内的智能设备，还可以使用客房平板公开发布留言、创建群组、预约活动等，与其他客房的顾客产生互动。YUNIK HOTEL 的语音"AI 服务员"如图 5-1 所示。

图 5-1　YUNIK HOTEL 的语音"AI 服务员"

机器自动学习

为了减少服务与管理成本，酒店在经营过程中必须明确顾客服务的具体流程。机器人具有自动学习能力，可以对酒店的服务流程进行分析，还能结合顾客的喜好与行为习惯，对服务流程进行调整与升级。

通过自动学习，机器人能够收集所有顾客的信息并做出对比，帮助酒店把握行业发展趋势，并在大数据分析的基础上，为每位顾客提供极具个性化的建议。所以，酒店不仅能够利用 AI 技术提高服务质量，还能借此制订最合理的发展计划。

物联网技术

随着 AI 技术与物联网的广泛应用，可穿戴 AI 设备开始实现普及应用。这些设备可以对人们的体温、心率和能量水平进行精准测量，了解人们的健康状况。其实，酒店也可以将这种技术应用于顾客服务。

雅高（Accor）作为较早应用这项技术的酒店集团，一直注重生物识别技术的研究，并开展过专项项目——Seeker。通过 Empatica E4 手环与 Muse EEG 耳机，Seeker 可以在特定的应用程序的帮助下，对顾客的心率、脑电波、脉搏以及皮肤反应等生理特征进行精准测量，从而把握顾客的心理、性格和习惯倾向，以及顾客对目的地、生活环境和相处模式的选择偏好。如果对这些考量因素进行细分，则可以将其分为传统和现代、农村和城市、休闲和挑战、家庭和爱情、内向和外向、寒冷和炎热等因素。

Seeker通过分析顾客的这些心理特征，可以为顾客制订极具有针对性的出游计划，让顾客获得最优质的服务，从而大幅提升顾客体验。这些服务涉及休闲、娱乐、音乐、购物和餐饮等方面。

AI凭借大数据的分析功能，还能对顾客的社会角色进行推测和判断，帮助酒店明确顾客的消费需求，为顾客推荐最合适的服务与产品。研究显示，酒店利用AI技术可以提前了解顾客需求，而且可以通过个性化建议获得顾客好感。

语音助手

随着语音识别技术的深入发展，许多行业开始将语音技术应用于经营管理，酒店行业也不例外。自从亚马逊于2014年研发出智能音箱Echo之后，酒店管理者纷纷将视线放到了语音助手上。

酒店在客房中配备语音助手，能够为顾客提供众多的便捷服务。例如，调节房间温度、控制室内灯光、切换电视频道、播放音乐和联系前台等。而且部分酒店的语音助手还能连接顾客的手机，播放顾客手机中的音乐或有声小说等音频。洲际酒店与百度联合推出的客房语音助手如图5-2所示。

图5-2　洲际酒店与百度联合推出的客房语音助手

语音助手的应用使顾客不再单纯依赖酒店员工的服务，并在一定程度上降低了顾客与酒店发生矛盾的概率。另外，智能语音助手还连接着许多应用程序。通过语音助手，顾客能够直接办理网上订餐、网上购票、退房或查询出游方案等事务，并且不用担心自己的隐私会被泄露。

服务机器人

在AI技术持续发展的驱动作用下，劳动力密集型的酒店行业将不断扩大对服务型机器人的应用。目前，越来越多的酒店开始用智能机器人为顾客提供个性化服务。例如，德国的 Motel One 酒店在接待顾客时使用了一个名为 Sepp 的机器人，它被设计为人形并穿着短裤，能为顾客提供礼宾服务，回答顾客关于服务或生活的多种问题。它还具有自动学习功能，在工作过程中扩充自己的内容储备，使自己的回答更加精准，从而提高顾客的吸引力，帮助酒店为顾客提供更优质的服务。

在新加坡也有酒店正在使用机器人为顾客服务，例如 Hotel Jen 和 M 社交酒店。Hotel Jen 酒店有两个色彩明亮的机器人——Jena 与 Jeno，它们具有管家功能，能够代替员工为顾客提供送餐、清洁等客房服务。Jena 为顾客提供食物如图 5-3 所示。M 社交

图 5-3　Jena 为顾客提供食物

酒店也有两个机器人——Aura 与奥斯卡，Aura 主要在前厅活动，为顾客提供便利服务；奥斯卡则是厨师型机器人，为顾客提供一些有趣的服务。

2018 年，LG 公司研发出一款功能更多的酒店机器人，名字叫作 Cloi。LG 公司研究的酒店机器人 Cloi 如图 5-4 所示。当顾客入住时，Cloi 能够帮助顾客办理相关手续，安置行李。另外，Cloi 内部还安装有滑动托盘，可以清理一些餐饮垃圾。尽管 Cloi 还没有被广泛使用，但它曾在 2018 年平昌冬奥会上负责新闻中心的地面卫生工作，而且出色地完成了任务。

图 5-4　LG 公司研发的酒店机器人 Cloi

智能化时代的酒店场景

人工智能对许多行业都产生了重大的影响，并且改变了人们的生活方式。在科技日益发达的今天，过去在科幻电影或小说中经常出现的无人驾驶、智能机器人、全息投影等"黑科技"正在照进现实生活。

酒店行业是较早应用 AI 技术的行业之一。很多酒店已经开始利用 AI 为顾客提供个性化服务，服务内容涉及旅游攻略、出行路线和入住服务等方面。借助强大的运算能力及平台支撑，酒店借助 AI 技术应用，能够提高酒店在决策制订、服务提供、产品营销、企业管理等方面的精准度，从整体上优化酒店的收益管理。

AI在酒店行业的场景应用

1. 智能安防

人工智能深度学习技术的主要研究领域有两个：一是语音识别，二是视觉识别。对于酒店安防系统来说，引入深度学习技术可以产生很多创新应用。相较于传统安防系统来说，新一代安防系统可以利用人工智能、云计算、大数据、物联网、移动互联网等技术实现快速发展。人工智能与酒店安防系统的联用可以将整个酒店行业带入一个更智能、更安全的时代。

一直以来，酒店安防问题备受外界关注。此外，酒店安保人员工资低、招人难，导致酒店存在很多无人监管的盲区。引入人工智能之后，酒店任何区域发生异常都能随时发出警示，通知酒店的安保人员与管理人员，降低危险事件的发生概率。

利用视觉识别、生物特征识别技术可以提高酒店的安防水平。内置视觉识别、生物特征识别技术的机器，能够对过往行人的身份及行为进行高效识别，可以应用到酒店的顾客识别与安防系统中。具体而言，人工智能在酒店安防领域的应用主要体现在以下几个方面。

- 监控摄像头可以通过人像识别对可疑人员的行为进行追踪，避免危险人员潜入酒店。

- 内部摄像头能够对员工的可疑行为进行识别，将其相关信息传送给后台的监控人员，确保所有员工按照公司的规定行事。
- 酒店可以在重要场所，例如客房、数据中心机房安装人像识别镜头，对出入这些场所的人员进行识别，识别成功后再放行，还会将出入人员的人像信息保留下来，避免陌生人尾随进出，通过这种方式做好酒店内重要区域的安全防护。

在酒店的安保监控、环境监测、日常巡逻等环节应用安防巡逻机器人。安防巡逻机器人拥有多种功能，例如音频交互、视频监控及保存、远程监控、智能识别、通信服务等，可以帮助安保人员完成重复性、标准性的工作任务，例如监测、巡逻等，减轻安保人员的工作压力，在保障酒店安全的同时，还能降低人力资源消耗。

2. 智能家居

智能家居能够实现对互联网及物联网的结合应用。相较于传统家居，智能家居除了能够满足人们的居住需求之外，还能为用户提供自动化设备、信息家电、网络通信等多元化的服务，同时达到节约能源的目的。新型智慧酒店如图5-5 所示。

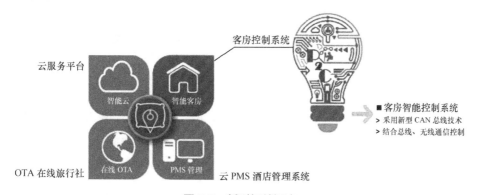

图 5-5 新型智慧酒店

随着智能家居的应用逐渐普及，越来越多的人希望在酒店住宿时也能获得这样的体验。在市场需求的驱动下，酒店可以将智能家居应用到客房中，从而提高对顾客的吸引力。目前，很多酒店正在积极尝试利用物联网将酒店内各种设备连接在一起，为顾客提供类似于在家中获得的智能家居体验。

3. 智能会员管理

包括智能手环、VR 眼镜等在内的许多可穿戴设备都安装有传感器，能够对顾客的相关数据进行获取、发送与应用，这些数据包括顾客的呼吸、心跳、血压、血糖、呼吸情况等，有些设备还能对顾客的情绪进行识别。

智能可穿戴设备将获取到的数据发送到云端，由平台整合成大数据库，等到数据积累到一定程度，就能进行智能化的数据提取，根据数据处理结果分析顾客需求及偏好，为酒店服务提供具体的参考，优化其服务体系，提高顾客对酒店服务的满意度。

酒店AI应用存在的问题

目前，人工智能处于高速发展态势，但在酒店行业实现普遍应用之前，需要解决以下两个方面的问题。

一方面，缺乏数据资源。人工智能的应用有赖于数据资源的支撑。大数据知识平台的运营离不开与移动互联网、物联网、云计算、智能设备等的结合应用，依托其感知、认知功能，酒店的服务将更加精准、更具人性化，整体智能水平将不断提高。然而，现阶段酒店在数据资源利用方面仍存在短板，很多酒店缺乏足够的数据积累，即便本身积累了一定的数据，但数据维度及数据结构也无法满足应用需求。

另一方面，智能化改造成本高昂。虽然智能技术不断发展，但未进入成熟阶段。如果酒店采用智能技术进行升级改造，除了要在改造过程中投入大量成本外，还要在后期进行技术升级与设备换代。酒店只有切实提升顾客体验，才能实现智能化改造。

此外，人工智能尚未成熟。在技术层面，人工智能的应用水平仍然比较低，只能实现部分功能。以声控功能为例，如果声控系统不能准确识别顾客发出的语音信息，会导致顾客的体验不升反降。

总体而言，酒店在采用人工智能技术制订决策与开展运营的过程中仍存在问题，需要在后期发展过程中逐一解决。

一场酒店管理的效率革命

人机协作：提高员工工作效率

对于酒店企业来说，人是非常重要的资产。目前，在用人方面，酒店行业普遍存在招人难、待遇低、福利差等问题。人工智能的应用能否解决这一问题，给酒店行业带来改变呢？

酒店的一部分工作岗位需要做很多重复性工作，例如安保巡逻、物品递送、收银结账、客房预订等。这些岗位不仅无法取消，而且消耗了大量的人力资源。引入人工智能之后，酒店可以利用自动化机器学习平台、场景环境识别、语者意图和情绪识别、人机对话等技术实现人机协作，减轻这些岗位员工的工作强度，提高工作效率。

这样一来，酒店不需要在这些工作岗位投入太多的人力资源，就可以有效减少酒店的人员配比，降低酒店的运行成本。与此同时，酒店员工可以将更多的时间与精力投放到提升酒店服务质量方面，将节省下来的资金用于提高员工福利，解决因工资低、福利差引发的招人难问题。

AI+营销管理：提升精准营销效果

在人工智能应用方面，酒店行业可以借鉴零售行业的做法，用人工智能技术对目标顾客进行定位，提取目标顾客的相关信息，开展精细化营销，挖掘顾客的内在需求，从各个方面对顾客进行把握，提高营销的针对性。

很多酒店在制订营销方案时都没有设定目标顾客群体，以至于手中掌握着大量数据却无法从中提取有效信息用于营销决策。引入人工智能与数据挖掘算法之后，酒店不仅能够实现自动化与智能化营销，还能提高营销效率，开展精准营销。

此外，酒店还可以借助 VR 技术，为顾客打造沉浸式体验。在顾客选房时，可以为其提供 VR 互动展示；在顾客进入房间后，可以为其提供 VR 场景体验，并将酒店产品推荐融入其中，借此开发更多的消费项目。

另外，部分酒店还推出了 VR 场景体验服务。入住这些酒店的顾客能够在房间用 VR 眼镜观看视频或玩游戏，或者进入 VR 空间。例如，如家精选酒店推出了 VR 旅行视频体验服务，顾客能够在房间内佩戴 VR 眼镜观看当地的特色人文风情；洲际酒店与 HTC 公司共同推出 VR 空间，打造了面向所有顾客的 HTC Vive 专区；Hotel 1000 酒店推出高尔夫 VR 体验服务，顾客可以随时"进入"世界顶尖高尔夫球场放松身心。

AI+财务管理：降低财务风险

2019 年，德勤会计师事务所发布财务机器人，标志着人工智能正式进入财务领域。目前，因为市面上还没有发布相关的产品体验，所以我们只能通过德勤财务机器人的功能介绍对其应用范畴做出大致了解。德勤财务机器人的功能大致如下：可以替代手工操作，管理与监控流程，录入信息，合并数据，根据既定业务逻辑进行判断等。从技术层面来说，德勤财务机器人应用了多项人工智能技术，例如影像识别技术、语音识别技术、语义识别、生物识别技术、深度学习等。

财务机器人在酒店行业有着非常广阔的应用空间。酒店财务人员每天都要审核营业数据，这项工作存在一定程度的重复性劳动。引入财务机器人之后，它可以根据酒店的营业数据，通过数据运算与账单比对及时发现问题，提高财务审核效率。

在合同审核方面，人工智能系统可利用法律大数据及时发现合同漏洞，以免签署无效合同；在财务报销方面，过去的财务报销需要员工提交报销凭据，财务人员手持纸质凭证对票据进行反复检查，确认无误后付款；在采购方面，引入人工智能技术之后，员工在系统中采购，系统会根据其行程进行智能推荐，员工完成采购任务后，所有数据汇入系统，月底可凭借"一张发票"进行结算，真正做到零报销、零垫付，切实提高员工满意度。同时，这个智能报销系统还可以与第三方财务数据对接，完成数据从内部到外部，从财务人员到全员，从监管到服务的流转。德勤机器人与财务人员的工作流程对比如图 5-6 所示。

图 5-6　德勤机器人与财务人员的工作流程对比

　　未来几年，人工智能系统将在酒店财务领域实现深入应用，真正实现人机协同，缓解财务人员的工作压力，提高财务人员的工作效率。同时，人工智能系统还能借助大数据技术发现财务领域的隐藏风险，发出防范预警。

AI+工程管理：全面提升酒店运维效率

　　人工智能系统借助机器学习、物联网、大数据、云计算等技术，对酒店设备与办公设备进行能耗管理，切实提升设备的运维效率，节约能耗，满足智能建设对环境品质、能源管理、运维管理等领域不断提升的需求。具体来看，人工智能在酒店领域的应用涉及多项功能，例如数据采集、数据分析、能源监测、安全预警、场景控制、远程管理等。

人工智能系统可以与酒店各大系统开发接口对接，让客房控制系统可以根据环境及顾客需求对房间进行实时管控，出现故障立即响应，向维修人员发出维修通知，以免事态扩大，使酒店蒙受重大损失。

人工智能系统还能对酒店各个区域的环境进行监控，根据外界环境对空调、灯光进行实时调整，在保证顾客入住体验的前提下降低酒店能耗。人工智能系统还能通过对海量数据进行分析，发现酒店大功率设备的潜在故障，提前发出预警。

作为世界先进的科研技术，人工智能的发展与信息技术、计算机技术、精密制造技术、互联网技术密切相关，给各行各业带来了一定的影响。

任何一项技术都有利有弊，人工智能也是如此。面对人工智能发展产生的一系列问题，酒店从业人员不需要担忧，只需要尽早明确人工智能与人类的关系，不断提升自己的职业技能，将自身特长与人工智能的特长相结合，推动酒店行业更好的发展。

未来，酒店 IT 企业要努力汲取人工智能技术，为酒店提供更多优质的产品解决方案。同时，酒店在引入人工智能系统的同时也要保证自身系统安全，避免遭到黑客攻击，使自身安全受到威胁。

第 6 章
5G + IoT 构建智慧酒店新体验

智能连接：5G 智慧酒店场景革命

移动通信技术快速发展和更新迭代，已经成为推动社会进步必不可少的工具。而作为新一代的移动通信技术，5G 网络以其"万物智联"的特征正在推动各个行业升级和变革。

与以往的移动通信技术相比，5G 网络不仅数据传输速率更高，而且提升了大数据、云计算、人工智能、物联网等技术的应用水平，为酒店行业转型升级、开启智慧酒店场景革命创造了无限可能。

智能连接：5G驱动酒店行业智慧升级

对于酒店行业而言，5G 技术能够与酒店场景广泛连接，进而给顾客带来全新的体验。因此，国内酒店行业的龙头企业纷纷与 5G 技术厂商和通信运营商合作，推动酒店行业的智慧升级。

- 2019 年 4 月，深圳华侨城洲际大酒店、深圳电信、华为公司三方签署"5G智慧酒店战略合作协议"，联合启动全球首个 5G 智慧酒店建设项目。深圳电信采用华为 5G 网络设备在深圳华侨城洲际大酒店实现 5G 室内室外连片覆盖，顾客可以体验到 5G 迎宾机器人、5G 云电脑、5G 云游戏、5G 云 VR

划船机等创新应用。此次三方合作将 5G 网络、终端、云应用首次端到端地引入酒店商用场景，为酒店行业的数字化转型开启了 5G 科技之门。

- 2019 年 8 月，石家庄富力洲际酒店、河北联通、华为公司三方签署"5G 智慧酒店战略合作协议"。河北联通采用华为 5G 网络设备在石家庄富力洲际酒店实现 5G 覆盖，带给顾客 5G 迎宾机器人、5G 4K 视频直播、5G 云电脑、5G 云游戏、5G 会议中心等创新体验，引导酒店产业的数字化转型和消费升级。

- 2019 年 8 月，荣盛康旅、河北移动、华为公司联合签署"5G 生态应用建设战略合作协议"，宣布将 5G 技术持续、全面地应用于荣盛康旅旗下的酒店建设，携手打造创新的、先进的"5G 智慧酒店"。

以上案例中的酒店作为行业的先行者，通过 5G 技术引领酒店行业数字化转型，以期抢占 5G 智慧酒店的战略制高点。

场景革命：5G智慧酒店新体验

由于 5G 网络具有数据传输速率高、时延低等优势，为酒店行业应用场景的创新提供了诸多可能，为顾客入住和酒店管理带来了新的体验。5G 智慧酒店创新体验的 5 个方面如图 6-1 所示。

图 6-1　5G 智慧酒店创新体验的 5 个方面

1. 5G 机器人引导员

在酒店大堂，通过 5G 网络和人工智能技术，5G 机器人引导员可以接待顾客，为其快速办理入住、退房等手续。此外，酒店大厅还可以同时配备智能机器人，为顾客提供信息查询、预定送餐、填写入住反馈等服务，提高酒店的服务质量和顾客满意度。

2. VR 娱乐

进入酒店房间后，5G 技术可以为顾客提供安全、快速的网络服务，而且可以通过相关设备让顾客体验 VR 划船健身、超高清观影、互动网络游戏等服务，满足顾客的个性化娱乐需求。

3. VR 直播、远程办公

由于 5G 网络的数据传输速率远远高于以前的蜂窝网络，因此当顾客有远程会议、VR 直播等对网络要求较高的需求时，酒店可以通过 5G 配套设施满足顾客需求，确保远程会议、直播等活动顺利进行，并满足会议参与者对图文、声音、短视频等内容的分享诉求。

4. 5G 巡逻机器人

酒店安防是酒店运营管理的一个重点，将 5G 技术与人工智能、大数据等技术融合，可以通过 5G 巡逻机器人获取安防数据，并将数据实时传输至后端数据控制中心，提升酒店内外的安防能力以及酒店的服务等级。

5. 周边景区 5G 直播

酒店行业与旅游行业关系密切，酒店可以借助 5G 网络、VR 技术等进行周边景区直播，与周边景区相互引流、实现共赢。此外，酒店也可以通过类似的方式尝试与周边的购物中心等场所合作，提升顾客的场景化购物体验，探索酒店新的增值空间。

突破边界：5G赋能酒店行业的价值

通过上述酒店探索 5G 转型的实践路径及其未来规划可以发现，5G 赋能酒店行业的价值主要体现在 4 个方面。

- 通过 5G 网络及相关技术升级酒店原有服务，提升顾客的使用体验，提高入住率。
- 以 5G 网络为出发点，设置新的业务场景，为顾客提供个性化的增值服务，增加酒店的额外收入。
- 以智能化方式精简酒店原有的网络设备，让顾客获得更安全、便捷的网络体验，降低酒店的运营成本。
- 发挥酒店在文旅产业中的角色，通过与周边的旅游、购物场景跨界合作，带动酒店行业及整个文旅产业的发展。

以石家庄富力洲际酒店为例，该酒店将 5G 网络、终端、云应用引入酒店商用场景，为顾客提供创新体验。该酒店计划陆续部署 5G 迎宾机器人、5G 4K 视频直播、5G 云电脑、5G 云游戏、5G 会议中心等创新应用，为拥有不同需求的顾客提供商务办公等个性化体验。另外，基于华为 5G Cloud X 新业务应用，酒店可以节省 PC 主机采购等电脑硬件购置及维护成本。

5G 之所以能够赋能酒店行业，主要在于其能够与大数据、云计算、物联网、人工智能等技术相结合，在酒店场景中得到应用，带来商业层面的突破。酒店对 5G 技术商用的不断深入探索，将进一步提升酒店行业在文旅产业中的地位，拉开新一轮智慧酒店场景革命。

基于 AIoT 的酒店解决方案

在科技领域，物联网是一个热门话题。它改变了人们的生活方式，使许多家庭可以借助智能设备改善生活，例如利用智能空调自动调节室内温度等。作为应用前景非常广阔的一项新事物，物联网帮助很多行业解决发展难题，其中包括酒店行业。

市场研究机构 Juniper Research 发布的最新数据显示，物联网连接设备的数量预计到 2022 年有望突破 426 亿台。物联网的发展改变了人们的生活方式，提高了联网设备之间的数据交换效率，同时，也有助于很多行业实现转型升级。

物联网的出现改变了酒店对顾客体验的定义，促使酒店不断探索新的经营方式，以满足顾客的消费需求。例如，酒店每天都会接待来自全国乃至全球各地的顾客，这些顾客的要求各不相同。物联网具有定制功能，能够根据顾客需求为其提供便捷的服务，提高顾客居住的舒适度。具体来看，基于物联网的数字化酒店催生的 5 个应用如图 6-2 所示。

图 6-2　基于物联网的数字化酒店催生的 5 个应用

1　LBS: Location Based Services，基于位置的服务。

基于物联网数据的定制化服务

过去，酒店很难把握顾客的需求和喜好。但在物联网技术高度发展的今天，酒店利用智能设备可以为顾客提供个性化的服务。而且通过分析顾客以往的入住数据，酒店还能为顾客制定合理的服务方案，进一步提升顾客的体验感。物联网传感器可以保存室内设备的使用数据，记录顾客进入客房后的首选项，例如打开电视、调节温湿度、播放音乐等。酒店可以根据这些数据分析顾客的习惯，当顾客下次入住时，提前设置好客房的温度、灯光、电视频道和音乐等，为顾客提供更贴心的服务。

"数字钥匙"与无障碍入住

"数字钥匙"是智能化客房服务系统的组成部分之一。当顾客处于门锁信号接收范围内时，只需要掏出手机打开相关的应用程序，按下解锁键，门锁就会在十秒左右打开。"数字钥匙"与门锁之间的信息传输基于蓝牙传输技术的广泛应用。另外顾客可以在应用程序当中隐藏自己的房间号，保障隐私安全。

通过物联网技术的应用，酒店可以在顾客入住前将"数字钥匙"发送到手机上，省去交接钥匙的环节，简化入住手续的办理流程，缩短顾客在前台的停留时间。另外，通过近场通信技术，顾客可以利用"数字钥匙"直接打开房门，这种一次性的"数字钥匙"还能帮助酒店掌握顾客的入住情况，及时为顾客提供服务。

改善客房用水管理

客房的用水服务也影响着顾客的入住体验，许多酒店非常注重客房用水管理。通过物联网，酒店可以时刻掌握客房的供水情况，并能够利用智能水表获取客房的用水数据，排查客房的漏水隐患，为顾客提供更好的用水服务。此外，智能水表还能按照预先设定的用水量，对客房的供水量进行调节，帮助酒店节约用水成本，提高经济效益。

H 识别预测性维修和维护

酒店在经营过程中会使用多种设备或工具，其中许多设备会比较常用。酒店借助物联网可以对这些设备的性能进行检测，识别出存在安全隐患或运行状态较差的设备。之后，酒店可以尽快维修或更换这些设备，避免因为设备故障而造成更大的损失。对于某些较为关键的设备，如果物联网能够及时发现故障，提醒酒店尽早维修，可以帮助酒店节省大量不必要的开支。

H 基于LBS的酒店服务

信标技术和全球定位系统（Global Positioning System，GPS）的应用极大地完善了酒店的服务模式，它们可以帮助酒店确定顾客位置，让酒店根据顾客的位置信息，适时、精准地向顾客推送相关的产品信息。例如，当目标顾客靠近某座商场时，可以向其推送有关促销活动的信息；当目标顾客出现在某家餐厅附近时，可以向其推送与美食相关的信息；当目标顾客出行时，可以向其推送当地的交通信息。除此之外，酒店还可以向目标顾客推送游乐场、电影院或健身房等休闲或娱乐场所的信息。通过这些消息的推送，酒店可以为顾客提供更加个性化的服务。

刷脸入住：让酒店更安全

在 5G＋AIoT（AIoT 指 AI+IoT，即人工智能物联网）时代，智慧酒店主要围绕两大核心要素发展，一是安全，二是住店体验。对于传统酒店来说，人脸门禁、刷脸入住、视频结构化监控、声控设备、物联网智能客控系统等都是其数字化改造的方向。

在住店体验方面，智慧酒店可以利用人脸识别技术对酒店各个场景的业务数据进行整合，构建涵盖酒店全场景的个性化智能服务，服务主要包括刷脸预约、刷脸入住、刷脸就餐、客房智能语音控制等。酒店可以凭借这些智能化、个性化的服务提升自身的竞争力与运营效率，给入住酒店的顾客带来极大的便利。

基于人脸识别的刷脸生态系统

对于智慧酒店来说，人脸识别技术是智能系统生态的基础。在人脸识别技术的支持下，酒店可以构建一个覆盖入住前、入住中、离店后三大环节的刷脸生态系统。具体来看，人脸识别技术在智慧酒店主要有四大应用场景，分别是酒店大堂入住、客房人脸门禁、电梯梯控、视频结构化监控。

在人脸识别技术的支持下，顾客可以通过线上人脸识别系统预约，入住酒店时直接"刷脸"完成身份验证，跳过人工办理，实现自助入住。从安全角度来看，酒店利用人脸识别系统，结合视频结构化监控，可以对酒店内外区域进行视频监控，实现人脸识别抓拍，发现陌生人或黑名单人员时发出预警，切实提升安全监控、防控能力，有效防范违法行为，减少人力巡查成本，为顾客提供安全的入住体验。

目前，市面上已经出现了一些人脸识别产品，这些产品在酒店中的应用主要是自助入住机、人脸门锁以及陌生人抓拍预警。从顾客角度来看，目前，顾客对酒店人脸识别应用与产品的接受度较高，因为这些产品可以为其带来非常便利的入住体验。例如，自助入住机可以帮助顾客实现自助入住，减少办理入住手续耗费的时间。同时，顾客在酒店享受各种服务时无须提供房号、房卡，"刷脸"即可。再如，人脸门锁可以帮助顾客"刷脸"进入房间，解决因为忘记带房间钥匙短时间内无法进入房间的问题。

系统对接和人脸全场景覆盖

未来，在酒店行业，人脸识别技术将实现广泛应用。需要注意的是，除了人脸识别技术外，智慧酒店的智能化系统还涉及很多技术和应用，例如客房的物联设备自动化控制、微信预约与退房、视频监控等。酒店的人脸识别系统不仅要建立一套完整的人脸智能全场景生态系统，还要与其他智能系统对接，只有这样才能真正赋能智慧酒店。

以客房的物联设备自动控制为例，目前，大部分智慧酒店的客房是利用智能音箱、智能面板或智能机器人等设备，通过语言控制客房的各种设备，包括空调、电视、地暖、灯光等。除此之外，顾客还能通过语音呼叫订餐服务，通过微信小程序、微信公众号及其他顾客端办理线上预约、退房、支付等业务。视频结构化监控可以一天 24 小时不间断地为酒店提供安全保障，绘制顾客画像，为顾客提供精准化营销服务。对于智慧酒店来说，这些智能系统是必不可少的。

现阶段，在智慧酒店的应用场景中，一些智能人脸识别系统与开关量输出、报警输入输出等控制信号以及微信预约退房系统、酒店管理软件和软件即服务（Software as Service，SaaS）平台相结合，共同为智慧酒店提供顾客管理、客房管理、自助入住、预约、退房、陌生人抓拍预警等服务，切实降低了酒店的人力成本，提升了顾客的住宿体验，提高了酒店安全管控的水平与质量。

另外，虽然人工智能具备深度学习、人脸识别、图像识别等功能，可以自动识别、锁定目标，提高目标识别的准确率。但在实际应用到智慧酒店的过程中，人脸识别的准确率依然是一大难题。除此之外，智慧酒店人脸识别设备的节能与防伪水平也需要不断升级。

对于无人化酒店来说，人脸识别的准确率必须达到很高的水平，而且必须具有对黑名单人员、陌生人预警的功能。近几年，随着人脸识别技术的飞速发展，数据积累越来越多，配合双目活体、3D 结构光、飞行时间法（Time of Flight，ToF）等技术，酒店可以非常准确地将身份可疑之人拒之门外。同时，前端抓拍、后端分析的盒子识别能够极大地降低人脸门锁的能耗，只需要一节普通电池就能使用几个月。

对于我国的酒店来说，借助人脸识别、语音控制、云服务等技术向智慧酒店转型已经成为提升核心竞争力的重要手段。传统酒店向智慧酒店转型有诸多好处：**一方面，智慧酒店可以帮助酒店管理者提高管理效率，降低各种能耗及成本，创造更多的效益；另一方面，智慧酒店可以带给顾客更加便利的入住体验。** 但目前，我国的智慧酒店还处在发展阶段，在此过程中，酒店必须避免服务与管理过度技术化。未来的智慧酒店不仅要有科技感，还要做到人性化，切实保障顾客权益，让顾客感受到酒店服务的温度。

第 7 章
区块链在酒店行业的实践应用

区块链的技术特征与商业价值

2008 年，中本聪在《比特币：一种点对点的电子现金系统》一文中首次提出"区块链"这个概念。从狭义上讲，区块链按照时间顺序，以链条的方式将数据区块串联在一起形成特定的数据结构，并利用密码学对数据区块进行加密，使"去中心化"的互联网公开账本的数据不易篡改，不可伪造。

从广义上讲，区块链是一种"去中心化"的基础架构与分布式计算范式，可以利用链式数据区块结构对数据进行验证、存储，利用分布式的共识机制与数学算法生成数据并对数据进行更新，利用密码学让数据实现安全传输与应用，利用自动化脚本代码对数据进行控制。

从本质上看，区块链是共识算法、非对称加密算法、分布式存储技术、点对点（Peer to Peer，P2P）网络技术等在互联网时代的创新应用。区块链中的各个节点共同维护数据，每个节点都能获得一份完整的数据拷贝，可以在弱信任环境下建立一套信任机制，保证区块链内的数据公开透明、可溯源、不易被非法篡改。

区块链的核心技术

从技术层面来看，区块链涉及的核心技术有很多，主要包括共识算法、非对称加密算法、分布式存储技术、P2P网络技术等。区块链的四大核心技术如图7-1所示。

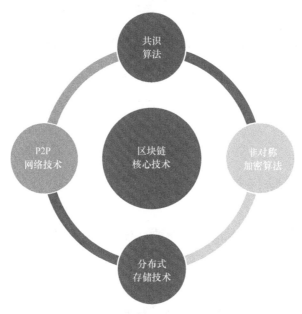

图 7-1　区块链的四大核心技术

1.共识算法

作为一种分布式系统，区块链是采用异步通信的方式将多个主机节点串联在一起形成的网络集群，为了保证主机状态达成一致，各个节点之间需要进行状态复制。在这种情况下，区块链必须解决分布式场景下各个节点能否达成一致的问题。共识算法的应用可以让区块链系统中不同节点的数据在不同程度上达成一致，保证数据的正确性。

2.非对称加密算法

非对称加密算法主要是利用公钥或私钥对数据存储与传输进行加密、解密。在区块链中，非对称加密算法涉及的技术主要包括 RSA[1] 算法、D-H 矩阵、椭圆曲线

1　RSA算法由罗纳德·李维斯特、阿迪·萨莫尔和伦纳德·阿德罗一起提出的一种公钥加密算法。

加密算法（Elliptic Curve Cryptography，ECC），应用场景包括信息加密、数字签名和登录认证等。区块链系统中，在利用非对称加密算法生成公钥与私钥的过程中，公钥可以用来对数据进行加密，私钥可以用来对数据进行解密。

3. 分布式存储技术

分布式存储技术主要包括分布式存储、分布式计算、CAP 理论[2]、一致性算法等，这些技术可以为分布式系统中的数据存储、数据备份、数据容错、数据一致性等问题提供有效的解决方案。

4. P2P 网络技术

P2P 网络技术又称为点对点网络技术，是区块链系统中连接各对等节点的组网技术。作为一种分布式网络，P2P 网络上的各个节点可以不经过任何中间实体直接访问，让自身拥有的各项资源与能力实现共享，包括存储能力、网络连接能力、处理能力等。

H 区块链技术的主要特征

区块链技术的五大特征如图 7-2 所示。

图 7-2　区块链技术的五大特征

1. "去中心化"

区块链的"去中心化"主要表现为 3 个方面：第一，在治理方面，区块链

2　CAP理论是指一致性（Consistency）、可用性（Availability）、分区容错性（Partition Tolerance）。

没有中心化的组织或机构，各个节点享有同等的权利与义务，在共识机制的作用下可以防止少数人控制区块链的情况发生。从这个层面来讲，区块链治理实现了"去中心化"。第二，在架构方面，区块链是一个点对点的对等网络，任何一个节点损坏都不会对整个系统的运作造成不良影响。因此，从这个层面来讲，区块链架构实现了"去中心化"。第三，在存储方面，区块链可以让数据在各个节点实现分布式存储，各个节点享有同等的存储权。基于此，区块链存储也实现了"去中心化"。

2. 基于技术的信任

区块链以现代密码学、共识机制等为基础，秉持公开透明的原则建立信任机制，各个节点之间的信息交换可以不以了解对方的基本信息为前提，极大地满足了信息存储的安全需求。在区块链技术的支持下，用户可以在没有统一中心节点背书的情况下达成共识、建立信任，最大限度地降低区块链系统内价值交换产生的摩擦成本，进而降低系统运营成本，提高系统运营效率。

3. 数据不易篡改和可追溯

区块链可以将所有交易行为在区块中记录下来，并且数据记录不易篡改，这就意味着在区块链中发生的所有信息交换活动都可以被查询，数据管理体系可以达到高度透明。在该体系的支持下，审计查账、操作日志记录、物流追踪等可以获得更便捷、更可靠的途径。

4. 系统和数据的高可靠性

从技术层面看，区块链是一种分布式的数据库系统，可以对数据进行分布式存储，让各节点共同参与区块链数据的维护，每个参与节点都能获得一份完整的数据库拷贝。任何人都无法通过控制单个节点对数据库进行修改，更无法对其他节点的数据造成影响。用户想要修改数据库中的数据，必须同时控制系统中超过51%的节点。基于这一逻辑，系统中的节点数量越多，计算能力越强，数据的安全性就越高。

5. 高拓展性和包容性

未来，随着社会的不断发展，基于区块链技术创建的数据库有望在全球范围内形成若干个巨型数据库。在这些数据库中，用户可以开展登记、开户、支付、交易、清算等一系列价值交换活动。这种业务模式具有极强的包容性与拓展性。

区块链的商业价值

随着区块链技术的不断发展，其应用范围已经扩展到物联网、智能制造、供应链管理、数字资产交易等领域。从目前的发展情况来看，区块链将在酒店、金融、数字内容、游戏等领域率先得到应用。

从区块链与产业融合的角度来看，区块链将对大数据、人工智能、共享经济、众筹经济、跟踪经济等产生促进作用。从长期来看，区块链将在物联网、新能源等行业得到广泛应用。另外，作为一种全新的互联网技术，区块链还可以推动互联网重构，引发新一轮技术变革与产业变革。

至于区块链的商业价值，因为区块链数据的不易篡改性，区块链可以成为一种信任工具，降低数据传输成本，对现有的生产关系进行重构，借助智能合约让全社会的资产实现智能化。

"酒店 + 区块链" 模式的落地应用

2017 年，酒店财务及科技专家组织（Hospitality Financial and Technology Professionals，HFTP）宣布成立区块链技术任务组。该组织是国际酒店行业三大权威组织之一，旨在主动研究区块链技术，让区块链技术对酒店行业的发展产生积极的影响。

2018 年 3 月，澳大利亚的在线旅行社 Webjet 的子公司 WeBeds 宣布携手远东酒店集团、道旅科技公司和 MG Group 公司推出区块链技术——Rezchain。WeBEds 的这一计划旨在利用第四代区块链基础设施减少协调应付账款与应收账款之间的问题，减少因非一致性数据造成的高成本问题，使企业之间的沟通效率得以大幅提升。

从目前的情况看，酒店行业已经进入区块链技术应用的第一梯队。**从商业层面看，区块链在酒店行业应用的最主要的功能是提高交易效率，降低信用成本，保证交易记录真实可靠，进一步改进原本强中介化的商业模式。为了让区块链技术在酒店行业更好地落地应用，一些科技公司开始着力创建区块链平台，旨在为顾客提供经济实惠的酒店预订服务，或者改进酒店积分使用方法，最大限度地满足顾客需求。**

保障顾客隐私和数据安全

对于酒店行业来说，安全是一个非常重要的问题。在近十年的发展过程中，中国酒店采用的主要是中央化系统，包括中央预订系统、忠诚度系统、采购系统等多个系统，移动预订在所有预订方式中的占比也超过了60%，顾客信息只能进行集中存储。大型酒店集团的顾客信息少则几十万条，多则几千万条，很难保证顾客信息存储的安全性，信息泄露时有发生。

再加上，随着指纹识别、脸部识别等应用不断普及，顾客信息类型逐渐多元化，顾客信息泄露风险也随之增加。顾客信息存储系统一旦被攻破，将给酒店带来灾难性的影响。区块链技术可以帮助酒店解决这一问题，最大限度消除敏感数据保护中存在的安全隐患，让酒店行业享受最高级别的数据安全保障，切实保障顾客数据信息的安全。

酒店企业使用区块链技术进行顾客信息管理不仅可以切实保障信息安全，而且可以让集团下属各个酒店间的顾客信息实现流动共享，这一点对于大型酒店集团来说是非常重要的。因为一些大型酒店集团会不断兼并、收购小型酒店，其中一些小型酒店被兼并后依然保持独立的系统架构与顾客策略。这样一来，各个酒店的信息平台就是一个个相互独立的系统。

如果各个酒店频繁地与集团总部进行信息交换，在现有的技术条件下必然要面临较大的风险。区块链技术可以解决这一问题，不仅可以保护顾客信息隐私，还可以促进顾客在各品牌酒店间进行相融性消费，极大地改善顾客的入住体验。

简化行李追踪及身份验证

对于外出旅游的人来说，行李携带是一个非常痛苦的问题。一方面，外出旅行不得不携带行李；另一方面，在前往目的地的过程中，交通工具、出行路径经常发生变化，导致人与行李无法彻底分开，很多时候人不得不"负重"旅行。对这一问题进行深入分析后可以发现，导致行李与人无法分离的原因主要有以下3点：第一，行李信息不完整；第二，行李托运存在一定的风险；第三，行李服务链存在诸多断点。

那么，在旅行过程中，如何让行李运输与人分开，实现从出发地到目的地的"一站式"运输呢？关于这一问题，区块链技术或许可以给出解决方案。在区块链技术的支持下，行李在运输过程中的信息安全可以得到极大的保障，运输数据可以实时上传，再搭配一些物流条件来满足顾客的同步或异步要求，就可以催生一种全新的行李旅行模式，满足人与行李分离的旅行要求。

基于区块链技术的酒店预订

在酒店预订方面，有了区块链技术的支持，酒店有望夺回直销份额。近年来，为了获得更多订单，越来越多的酒店入驻了OTA平台。OTA平台的优势在于处在酒店与顾客之间的中心地位，可以将酒店信息汇聚起来，为顾客提供成千上万种选择。正是基于这一原因，传统酒店在与OTA平台的竞争中始终处于劣势。区块链的"去中心化"机制可以弱化OTA平台的这一优势，增强顾客对独立酒店以及非知名酒店的信任，让顾客跳过OTA平台直接进行酒店预订。

在新一代智慧搜索引擎的支持下，顾客只要输入酒店的位置、价格、主题等信息，就可以获得心仪的酒店信息。顾客通过这种方式获得的酒店信息比在OTA平台上获得的信息要多，这样一来，顾客就会选择跳过OTA平台来预订酒店，不仅可以获得更优惠的价格，也可以让酒店获得更多的收益。从某种程度上讲，区块链在酒店预订领域的应用必然会给OTA平台带来极大的威胁。

在这种威胁下，OTA 平台是退出市场，还是创造一种全新的模式逆势崛起，关键取决于三大要素：一是区块链在酒店行业落地的时间；二是酒店行业对区块链技术的响应速度；三是 OTA 平台对区块链的敏感程度以及应对策略。

事实上，区块链在酒店行业的应用场景还有很多。与此同时，酒店利用区块链技术开展各项业务也还有很长的路要走，从设想、应用到普及，这个过程还需要解决很多问题，需要酒店企业不断地探索与创新。

区块链对 OTA 平台意味着什么

近两年，区块链技术获得了快速的发展，并成为核心技术自主创新的重要突破口。而区块链技术与旅游行业的结合也激发出巨大的能量，使旅游行业焕发出新的生命力。

与传统的旅行社模式相比，OTA 平台在产品、价格以及定制化服务等方面都有了质的提升，在当前旅游行业中占据着主导地位。对于酒店等行业而言，与 OTA 平台建立合作，不仅能够提升订单量，而且可以用更加多元化的分销模式满足顾客的个性化需求。但是，OTA 平台在发展过程中也暴露出诸多问题，例如随意涨价、恶性竞争、数据造假等。由于对 OTA 平台的严重依赖，酒店往往也需要付出一定的代价。区块链作为能够促进产业创新发展的新技术，为 OTA 平台和酒店行业的合作难题提供了新的解决思路。

区块链技术将如何颠覆OTA平台

分析旅游行业存在的一系列问题，不难发现关于 OTA 平台服务商的问题颇多，要解决这些问题就需要"去中心化"，而区块链技术的主要特点就在于"去中心化"。通过与区块链技术相结合，OTA 平台的角色将发生改变，具体表现在以下 3 个方面。

1. 打破 OTA 垄断导致的运营成本上升

近几年，在线旅游市场的垄断现象越来越严重，商家虚假宣传、不合理收费等问题层出不穷。为了解决这些问题，OTA 平台投入了大量的人力、物力和时间加强管理，增加了运营成本。酒店和顾客作为 OTA 平台的上下游环节，也需要为增加的成本买单。将区块链技术应用于 OTA 平台，在相关规则制定完成后，OTA 平台不需要额外的运营成本，区块链技术具有的智能合约功能便可以维持 OTA 平台系统的正常运转。也就是说，顾客在预订酒店时，可以直接将费用转入酒店账户，以点对点的形式实现合作。这样不仅能够极大地提升顾客体验，也可以大幅降低酒店的运营成本。

2.缩短产业链并严防出行隐私泄露

住宿信息泄露是顾客预订酒店时经常考虑的问题，而信息之所以会发生泄露，往往是因为 OTA 平台的系统存在漏洞。虽然很多 OTA 平台采取了多种措施保护顾客信息，但信息泄露风险仍然难以规避。区块链的加密技术为这一难题的解决提供了思路。将区块链技术应用于 OTA 平台后，顾客将获得一个数字身份，其中包含了顾客所有与订单相关的信息，而加密信息只对顾客个人和酒店可见，从源头上解决了住宿信息泄露问题。

3.将平台信息透明化，增加服务方与顾客之间的信任

在传统的在线旅游模式中，OTA 平台所发挥的作用很有限。一方面，OTA 平台无法有效审核服务提供方的资质和真实性，难以对其进行监督；另一方面，OTA 平台对顾客的审核也不到位，无法保证信息真实有效。另外，OTA 平台的信息往往难以做到公开透明，平台方、服务方和顾客之间信息不对称，极其容易引发矛盾。而区块链技术的应用，使与交易过程有关的数据和信息能够在极短的时间内被复制、传输，从而实现数据同步更新。不仅如此，经过区块链技术处理的信息全程留痕、可追溯、不可伪造，这也就最大化地限制了交易参与者的行为。

颠覆VS融合：OTA平台该作何改变

对 OTA 平台来说，要应对新技术带来的新趋势，一方面应找准在数字化时代的定位，立足大环境寻找突破口，促进平台的优化发展；另一方面应该与区

块链等新技术相融合，开拓出一条更具创新性的发展道路。区块链技术并不意味着彻底消灭 OTA 平台，而是改变旧有的存在弊端的模式，实现 OTA 平台盈利的同时，兼顾酒店、顾客等参与者的利益和诉求。

移动互联网、大数据、云计算、区块链、物联网等新兴技术应用于产业的根本目的都是为了革新产业思维、升级产业模式，酒店行业与区块链技术的融合也将促使旅游相关产业获得更长远的发展。

第三部分

运营升级：酒店经营模式的创新

第 8 章
酒店业务流程再造与变革

流程再造：全面提升服务效率

现代酒店在硬件设施配置上大同小异，提高硬件设施配置水平对于提高酒店竞争力的作用微乎其微。在此背景下，酒店服务效率的竞争便起着极为重要的作用，更加人性化的产品设计和更简洁高效的服务流程可以让酒店在市场竞争中处于优势地位。因此，对现行业务流程体系的再审视与全面改造成为酒店提高服务效率、增强竞争力的关键。

什么是流程再造

"流程再造（Business Process Reengineering, BPR）"这一概念源于制造业，指突破传统思维，以顾客需求为着力点，通过重新审视与改造原有的操作及管理流程，达到提高企业服务质量和管理水平的目的。流程再造具有明显的革新性，因为它对企业的组织原则、战略系统和制度体系等根本性结构要素进行了全面、广泛、深层次的改造，是对传统管理模式的根本性变革。

在服务业不断探索与实践的过程中，"流程再造"这一理念逐步拓宽了它原有的适用范围，成为服务业的一个重要行业特征。例如，东方驿站酒店通过流程再造，对原有的客房、餐饮、商务中心、服务中心等部门进行了一次全面的调整与评估，整理出一套清晰的流程。这一措施对于东方驿站酒店提高加盟酒店的业务水平，完善加盟酒店的管理流程具有重大意义。

除此之外，凯悦酒店对于流程再造的成功实践也说明了这一理念的重要作用。凯悦酒店将这一概念重点运用在会务接待功能上，给旗下成员酒店配备独具特色的"会议金钥匙"。具体来讲，就是酒店为顾客提供贯穿整场会议的接待和管理服务，确保酒店能够最大限度地调用各种资源（例如服务人员、会议音频设备、接待车辆、装饰工具等），保证高质量地完成会议。值得一提的是，凯悦酒店"流程再造"的革命性体现在各个部门之间的关系上，尤其是"会议金钥匙"与酒店其他部门协同运行的新型关系上。传统酒店的各个部门相对独立，联系不是特别紧密，而凯悦酒店要求各个部门必须与"会议金钥匙"紧密配合，省去中间的过渡环节，最大限度地保证"会议金钥匙"的权限，这是"会议金钥匙"高质量完成会议服务的关键。

流程再造的优势

流程再造的一个重要特征是突破传统的刻板思维。如果管理者能将这一特点牢牢把握并成功运用，就有可能创造出更高效的运营思路和方法。

这种根本性的转变使原有的运营流程变得不再那么权威，管理者的思维方式和处理问题的办法也由"我该如何做下去"转变为"为什么非得以这种方法做下去"。例如，在传统的客房服务模式中，管理者优先考虑的往往是如何在整体运营模式不变的前提下，通过采取各种措施提高服务质量与效率，降低服务成本。在这种思维方式下，管理者的关注重点往往是在某一范围内被支配要素的改变，例如改善技术、提高相关人员的服务水平、加强对基层人员的督导等，这种改变有一定的上限，不具有较强的可持续性。而管理者一旦接受了流程再造的理念，便能突破这个较为狭窄的思考范围："相关人员的服务水平和技能水平真的那么重要吗？""如果没有那么重要，是不是可以通过数字技术来替代他们呢？"在这种思维影响下，管理者做出的改变和决策往往能使酒店在行业竞争中取得领先地位。

客房服务中心模式的运用便是流程再造这种新型思维指导下实现的成功案

例。该模式通过对既定台班部门的反复观察，对以楼层为单位的大量台班人员存在的必要性提出了质疑。这种不合理的组织形式造成了人员的浪费，而且并没有达到预期的服务效果。面对这种资源大量冗余且效率低下的状况，基于现代通信可监控技术的客房服务中心模式应运而生，其优越性不言而喻。

流程再造的本质

外部要素和内部要素共同制约并影响着企业的经营活动。外部要素主要包括经济环境、文化环境、相关产业竞争、社会政策因素、科技变革、顾客需求方向等；内部要素主要包括企业的历史沿革、变革经验、企业文化、企业互联网技术、社会资源等。流程再造理念贯穿所有内外部要素，是基于各种竞争要素和环境要素的结果。酒店的业务流程再造主要是基于上述各要素中的相关产业竞争和顾客需求，对业务流程进行突破性的思考和变革性的设计，挖掘出利用信息技术提高服务水平和业绩的渠道，使酒店在控制成本、把握产品和服务质量及速度等重大指标上得到改善。

由上所述，影响流程再造的要素有很多，并不是某种要素单一作用的结果。因此，从本质上看，流程再造是以战略驱动为目的，实现酒店企业多部门、多方位转变，包括管理子系统（风格、价值、测评指标）、人力资源、组织形式和组织结构、信息技术、各部门协调机制等。这些转变都是管理者综合各种要素进行深入考量的结果，其目的在于对内提升服务和产品水平、控制成本、提高顾客满意度等，对外提高酒店的综合竞争力。这表明流程再造不是一个相对独立的概念，而是一个持续的、综合的改变流程的方法。

酒店业务流程再造框架

建立以流程为核心的协同工作平台

服务型企业本身所具有的特点决定了酒店的机构部门、服务项目、工作人员多且繁杂，各部门之间的信息交流较为广泛，而且需要达到较强的协作性。酒店在进行流程再造和数字化建设的同时，要通过协同统筹将以上特点转化为优势。协同工作平台是酒店内部各部门、工作人员、资源实现共享的重要手段，可以保证信息的时效性以及服务的灵活性，有效提高工作效率。

在酒店行业飞速发展的今天，传统的信息管理方式会使酒店面临诸多问题。例如，酒店注重实体服务，忽视了信息技术的应用，业务和办公流程烦琐；纸质文件传递导致人力和财力的双重浪费，且传递效率低，不能保证信息的时效性；文件格式缺乏统一的标准，信息共享利用率低；工作人员缺少共享的信息资源进行交流和学习等。

由此可见，传统的信息管理模式已经无法满足酒店行业的发展需求，在这种情况下，建立一个集多媒体技术、数字技术、通信手段为一体的协同工作平台就变得尤为重要。第一是酒店要建设一个以人力资源系统和企业财务系统为代表的内部信息平台，以及一个以餐厅管理系统、客房管理系统、前台服务系统、顾客关系管理系统为代表的外部商务平台。第二是酒店要将这两个平台打通，促使酒店的内外部信息实现共享与流通，以此达到提高服务效率、节约资源、降低成本的目的，使酒店的运作效率、服务质量、管理水平等得到更好的改善。

建立以顾客为中心的酒店外部商务平台

1. 电子商务平台

电子商务已经逐渐渗透到越来越多的实体经济领域，助力实体经济打破自身局限向更广阔的市场扩张。电子商务除了具有方便、快捷、低成本的优点之外，还具有无限的扩张力。

酒店行业也是电子商务的获益者之一。随着线下渠道开发触顶，获客越来越困难，越来越多的酒店开始构建电子商务平台，丰富获取外部资源的方式，同时借助线上平台在更广阔的市场提高自己的知名度，这对增加酒店盈利产生了直接的推动作用。

酒店电子商务的主要流程包括在线预订系统、酒店门户网站、电子支付结算。商务电子酒店的运营流程如图 8-1 所示。

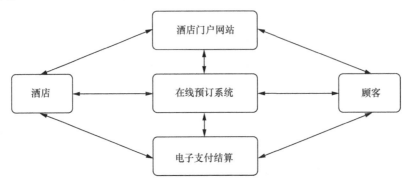

图 8-1　商务电子酒店的运营流程

2. 采购管理平台

传统的酒店采购管理存在 3 个问题：采购活动没有按需进行，出现了一定程度的资源闲置和浪费；采购流程缺乏严格的监督和管理，信息不对等、不透明；采购组与供应商、使用部门没有建立有效的联络机制和反馈机制。

基于上述问题，酒店构建采购管理平台可以从以下两个方面入手。

- 从酒店外部入手。对酒店物资供应商进行信息化管理，建立供应商数据库，明确质量评定方法；引入市场竞争机制，督促供应商提供高质量的资源并及时了解市场行情；加强对供应商的前期调研工作，积极评价售后服务水平。

- 从酒店内部入手。建立酒店采购管理系统，统筹采购部门、供应商和使用部门三者之间的关系，将及时有效的沟通活动贯穿于整个采购流程；在此基础上实现采购定位更明确、非增值部分识别、采购流程全程监督。

酒店采购管理平台建设完成后，内部采购流程可以这样设计：使用部门通过采购管理平台提交采购申请，采购部门的审批人员按照既定的规范与流程对采购申请进行审批，与此同时，使用部门可以实时追踪审批过程，并且在后续的采购活动中协同审批部门一起参与监督，随时了解采购情况。以采购鲜活货品为例，鲜活货品采购流程见表 8-1。

表8-1　鲜活货品采购流程

流程名称	鲜活货品采购服务流程与规范 文件管理部门		文件受控状态	
服务程序	服务规范			
填写采购申请表	（1）厨师长根据所需鲜活货品填写每日鲜活货品采购单，填写时注意以下内容：第一，所需货物量是否与第二天的需求量相符；第二，仔细检查是否有重复项目；第三，次日是否有临时团队用餐或宴会 （2）厨师长将每日鲜活货品采购单交给行政总厨批准，行政总厨审核时注意以下内容：第一，所需货物量是否与第二天的需求量相符；第二，仔细检查是否有重复项目；第三，次日是否有临时团队用餐，如有将所需货品及需求量加上			
采购鲜活货品	（1）行政总厨批准后，厨师长将每日鲜活货品采购单交给采购部 （2）采购员根据食品日采购计划和鲜活货品采购申请表到指定供应商处采购货品或者供应商按照合同每天到酒店取鲜活货品采购申请表，于第二日按质、按时、按量送货			
验收、结账	（1）收到鲜活货品后，收货员配合厨师长或厨师长指定人员进行验收 （2）验收合格后，鲜活货品要直接进入厨房，厨师长或厨师长指定人员办理领用手续；采购员将鲜活货品采购申请表、验收单等交给财务部，财务部与供应商结算			
相关说明				
编制人员		审核人员		批准人员
编制日期		审核日期		批准日期

3. 营销服务平台

酒店根据自身的特点建立独具特色的营销服务平台，开发特色营销方式，在复杂的市场环境中保持吸睛亮点，这对树立和维护酒店形象、提高顾客回头率具有重要意义。

以信息技术为基础的酒店营销服务平台建设主要包括以下内容。**酒店需要建立完备且高效的服务体系，为顾客提供更加便捷的咨询、反馈和投诉支持；重点开展网络营销，建立独具特色的酒店官方网站，并辅以中间代理商的酒店互联网营销手段的加持；将传统的外部营销方式与根据酒店实际情况实行的全员营销的内部营销方式相结合，拓展更广阔的市场空间。**

4. 顾客关系管理平台

以顾客为中心，满足顾客的需求，是服务业共同的宗旨。酒店行业最直接的收入来源就是顾客，在留住老顾客的基础上争取更多的新顾客，始终是酒店行业的追求。即使顾客资源如此重要，酒店在具体的管理中把握得并不是很好。酒店在顾客关系管理方面的问题见表 8-2。

表8-2　酒店在顾客关系管理方面的问题

问题	表现
顾客信息存放分散无序	市场营销部门、前台接待部门和客房服务部门都分别留存着同一个顾客的不同信息，这些信息如果能统一保存并实现共享，可以有效避免重复记录的问题，还可以使顾客信息更加完备
缺乏对顾客服务过程的监督	酒店服务有时会出现各种问题，有些问题甚至会反复出现。如果酒店对服务过程进行有效监督，可以大大减少问题的出现，也有助于及时解决和反馈顾客投诉，使顾客服务系统更加完善

基于以上问题建立顾客关系管理平台，可以对酒店内所有的顾客资源进行统筹规划，为实现顾客服务流程的有效监督和高效管理提供便利。

以上业务流程再造的两个管理平台构架，是现代信息技术与现代管理学思想相结合的产物。**通过信息技术手段整合相关信息供服务人员使用，提高服务效率；与此同时还伴随着信息技术本身的特点——经济原则，即去除服务流程中不必要的环节和内容，简化整个服务流程。**这些举措无疑会对顾客满意度提升产生直接的促进作用，进而帮助酒店降低成本，提高服务质量和服务速度，获得更大规模的经济效益。

酒店服务流程的再造与优化

服务流程再造的3个步骤

酒店服务流程再造的 3 个步骤如图 8-2 所示。

1.明确现有流程的边界

酒店面对的一个重要对象便是顾客，与非服务型企业相比，酒店除了需要注意各部门之间的协作和整个业务流程之外，更重要的是要构建与顾客的交互流程。顾客评价的好坏很大限度上决定着酒店能否获得良好的竞争力，因此酒店也有必要划清服务流程的边界。

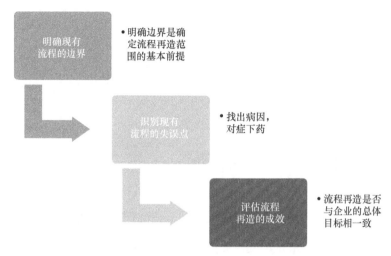

图 8-2   酒店服务流程再造的 3 个步骤

识别现有服务流程的边界包括确定服务流程的出发点与归宿、确认服务流程输入与输出的内容、找出企业其他流程与服务流程的关系。明确流程边界是确定再造范围的基本前提，这决定了是对某单一流程的再造，还是对几个流程的再造。

2. 识别现有流程的失误点

"再造"除了具有改变原有状态的意义，还有纠正的意思，即纠正原有状态中错误的地方。流程再造的一个重要出发点和内容就是找出现有流程中不完善、不合理的地方，找出病因，对症下药。酒店识别现有服务流程的问题并加以改正，可以提高流程再造的精准度，降低服务的失误率，提高顾客评价。

3. 评估流程再造的成效

不论是对某单一流程的再造，还是对几个流程的再造，酒店都要紧扣自身的总体战略目标。因此，酒店评估流程再造的一个关键指标就是看它是否与总体目标相一致。有些酒店的流程再造之所以失败，主要原因在于没有把握好上述辩证关系，没有用独立的眼光将流程再造从总体布局中分离出来，在这种情况下，即便流程再造初有成效也难以长久地维持下去。

服务流程优化的3种方式

酒店在考虑总体战略目标的前提下，还要选择适合自身运行和发展的再造方式。酒店服务流程优化的 3 种方式如图 8-3 所示。

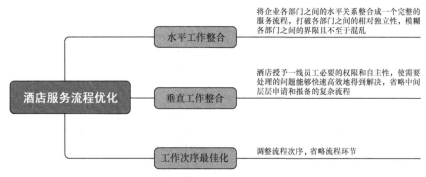

图 8-3　酒店服务流程优化的 3 种方式

1. 水平工作整合

水平工作整合是指将企业各部门之间的水平关系整合成一个完整的服务流程，打破各部门之间的相对独立性，模糊各部门之间的界限且不至于混乱。这种服务流程优化方式的一个典型表现就是酒店将各个部门掌管的分散资源集中起来，由一个人或一个小组专门负责，减少资源流通和整合的中间环节，为自身运营和顾客服务创造更多的便利条件。例如，凯悦酒店的"会议金钥匙"就是将酒店的资源整合到会议部门，在会议召开时高效地处理各种事务。

2. 垂直工作整合

这一方式的着眼点在员工身上，酒店授予一线员工必要的权限和自主性，使需要处理的问题能够快速高效地得到解决，省略中间层层申请和报备的复杂流程。例如，在处理顾客投诉方面，前台员工往往因为缺乏必要的实时信息，无法及时明确顾客所面对的问题，而无法及时有效地解决问题。这就容易导致顾客投诉处理效率低、投诉处理口径不一致、顾客满意度低、无法从根本上解决反复出现的问题等情况发生。因此，酒店建立员工层面的垂直工作整合体系非常重要。

3. 工作次序最佳化

工作次序最佳化包括两个方面的内容：一是调整流程次序，二是省略流程环节。以酒店结账服务流程为例，传统的结账服务流程大约包括 5 个步骤，整个过程大概需要 10 分钟，耗费了服务人员和顾客的双重精力与时间。通过对结账的工作次序进行改造，结账各个环节的衔接变得更加顺畅自然，一些不必要的环节直接省去或者合并，不仅为顾客提供了便利，也节约了酒店的运营成本。

最后还需要注意一点，酒店行业因为特殊的行业性质，始终强调以人为本，所以需要把握好标准化与弹性处理之间的辩证统一关系。大多数非服务行业需要执行严格的标准，例如钢铁厂需要始终把安全生产放在第一位，一切不符合安全要求的操作都会被严格取缔。但酒店不能像钢铁厂一样严格（除了一些明确的问题和规定），否则很容易使服务流程僵化，无法处理复杂多变的问题。酒店服务需要一定的弹性空间，但是太过于弹性也是不可取的，这样容易使酒店运作毫无章法。因此，酒店要把握好这两者之间的辩证关系，在一定的标准化范围内，尽可能地扩大弹性空间。

基于流程优化的组织与文化变革

服务流程优化是对传统服务职能的优化，必然会导致传统服务职能的变革，这主要体现在以下两个方面。

一是职能边界范围的变化。传统职能边界的划分很清晰，对一些工作内容和责任的划分很明确，这是产品生产流程和管理需要强制规定的，也是由行业生产和销售的相对稳定性所决定的。然而对于服务业，尤其是酒店来说，产品生产及服务的提供需要迎合不稳定的市场环境和顾客的多元化需求，服务流程是被动的、动态的。因此，传统明确职能边界的静态分工必然不适用于服务业，这要求酒店管理人员重新审视其职能边界，将重心转移到处理多变现场的能力上。

二是酒店现有的职能部门可能会面临弱化、取消和重组等问题。酒店服务流程优化之后，一些部门的职能可能会得到更广泛的运用，另一些部门的职能可能会变得过时。对于后者，它们面临的结果要么是被取消，要么是被合并重组到其他部门。这些变化都会引起企业人员结构、职责归属、任务归属甚至组织结构的变化。

在组织变革的同时，企业文化变革也需要及时跟进。酒店的企业文化有很多种，这里强调的是渴望创新与变革、积极上进的文化。有了这种文化的加持，不论管理者还是普通员工，都将对流程再造保持积极参与的态度，为酒店的流程再造提供源源不断的动力。

业务流程再造的六大原则

酒店的最终目标是满足顾客复杂多变的需求，并且会受到内部环境和外部环境的双重制约，因此业务流程再造的准则和基本方法存在着一些共性。酒店的业务流程再造需要根据环境和资源的变化而变化，以业务流程为重点，以顾客满意为核心，在一定范围内实现符合实际情况的弹性变化，以实现流程处理的高效率与高收益。这种特点在不同的服务业中都有所体现，因此具有普遍性。

酒店行业的业务流程再造主要是对业务流程进行优化。通过对整个业务流程中的各个环节进行细致分析，摒弃一些没有增值意义的工作流程，从而起到简化业务流程的作用。然后将简化后的流程重新组合优化，实现流程处理的低成本和高效率。具体来看，酒店业务流程再造需要遵循的六大原则如图 8-4 所示。

图 8-4　酒店业务流程再造需要遵循的六大原则

以顾客满意为核心

酒店业务流程再造以资源投入和顾客需求为起点，以创造有价值的产品和服务、满足顾客需求为终点。满足顾客需求是酒店企业的价值与目标实现的重要指标，因此，业务流程再造要以顾客需求为导向。一方面，不同顾客的需求不尽相同、提出需求的方式也不同，对酒店提供给他们的产品和服务的数量和质量的要求也不同；另一方面，顾客需求不同会进一步导致服务流程不同。但无论如何，一切流程再造也的最终评价标准都是顾客的满意度，如果没有实现这一目标，酒店业务流程再造也就失去了意义。如果实现了这一目标，酒店就可以在保证顾客评价向好趋势不变的情况下，尽可能地追求较低的成本与较高的服务质量。

以流程而非职能为中心

一直以来，传统酒店各部门之间相对独立的关系始终制约着酒店的高效运作。各部门职能划分非常严格和仔细，以至于它们之间很少产生交集，不利于整体业务流程的顺利实现，甚至还会影响各自职能的独立发挥。酒店的各部门之间相互推卸责任、在顾客投诉时"踢皮球"，都是影响酒店良好运转的典型表现。

为了改变上述情况，酒店需要建立以流程为中心的管理模式，将各部门的职能在一定程度上整合起来，寻找职能交叉点，使组织体系灵活交互，轻松应对环境的变化和顾客的多元化需求。如果通过整个服务流程的执行情况来考核流程中涉及的所有部门和员工个人，这种"命运共同体"的牵扯关系便会要求他们达成一致目标。需要注意的是，酒店管理者要把关注点放在整个服务流程中各职能部门的交叉点上，通过这个交叉点，管理者可以衡量各部门在流程中起到的作用，从而促进工作的有效转变。

遵循环境及资源约束

酒店的任何经营活动都需要遵守一个基本的底线，那就是要在国家法律法规允许的范围内进行。除了这个基本要求之外，酒店的业务流程再造还必须考虑到人员、组织制度、社会文化环境和企业文化环境、设备、技术等因素。这些都是酒店发展无法避开的基本问题，如果流程再造与这些方面脱离，那么成功的概率就会变得微乎其微。

在上述因素中，人员这一要素至关重要。以酒店销售人员每月填报市场信息统计表的流程为例，市场信息统计表具有很强的时效性与准确性，这是酒店进行决策的重要参考。如果销售人员责任心不强，出现一些失误，或者缺乏有效的信息搜集手段，那么获取的信息极有可能与实际情况出现较大的偏差。如果酒店管理者用这些不符合实际的数据信息进行决策，就会不可避免地出现问题，甚至影响整个酒店的发展。因此，流程再造在遵循环境及资源约束的基础上，需要重点关注人员的素质以及他们所利用的技术手段。

H 在明确规定下充分授权

传统的酒店管理模式往往将决策、执行和监督 3 个环节分开，实行"三权分立"。执行是传统酒店经营活动的中间环节，执行者不具备也不愿具备决策者和监督者的职能。这种有限的职能严重影响了酒店经营活动的顺利开展，导致流程办理步骤多、流程实施的时间成本和金钱成本提高、员工耐心降低、自主创新积极性不足、顾客满意度降低等问题相继出现。但如果完全抛弃这种"限制"也是不可行的，因为绝对的权力和自由会导致工作失控，让酒店向另一个极端发展。因此，酒店需要在"绝对的限制"和"绝对的放权"之间找到一个平衡点。

这个平衡点就是明确规定下的充分授权。首先，酒店必须划定相关部门的职能界限，这个界限要在确保不影响整体布局的情况下尽可能地扩大。然后，下放权力，以界限为标准明确责任和义务。授权者仅负责流程监督与结果验收，被授权者才是整个流程的执行者，他们拥有限定界限之内的权力和自由，也能按照这个要求高效地运作服务流程并严格规范自身行为，接受授权者的监督和上下流程环节的考验。

［H］ 将分散资源视为集中资源

因为传统酒店各部门的职能不同，酒店各类资源在纳入之初就具有相对的独立性。但对于需要流程再造的酒店来说，这种资源相对独立的关系无法满足各部门之间模糊界限的要求。这就需要在部门组织流程再造的同时，跟进分散资源的流程再造，即将它们视为集中资源，逐步消解它们的相对独立性。这样，集中的资源可以给管理者和流程服务人员带来便利，资源闲置浪费问题也能得到一定的改善。酒店可以通过各种手段将资源整合起来，例如建立科学的资源数据库系统、实行规范化的业务流程处理方式，在充分利用各类资源的前提下提高服务质量。

［H］ 公平和效率兼顾

效率和公平是一对常见的矛盾，根据马克思主义辩证法原理，把握好这两者之间的辩证统一关系是获得良好结果的关键。高效率表现为在相同的劳动时间内取得更多的收益；公平性表现为出现机会均等前提下的结果平衡。酒店的业务流程再造要兼顾高效率与公平性的原则，不能为了提高效率牺牲公平，也不可以为了追求绝对的公平而忽视效率的提高。

以物资采购流程为例，酒店在采购物资时往往会采用一套固定的采购标准。例如，30 万元以内的项目采用询价订购、可靠的单一来源采购、竞争性谈判等采购方式进行；超过 30 万元的项目采用招标方式。前者因为项目数额小，可侧重于效率；后者因为涉及数额巨大，需要严格把握公平性。需要注意的是，上述例子中的两种办法虽然各有侧重点，但需要两者兼顾，这也是酒店业务流程再造过程中需要注意的地方，切忌在侧重某一方面时逐渐忽视了另一方面。

"依思柯"（ESICO）重构法

业务流程重构与再造的最终目标是为顾客增加价值，包含清除非增值活动

（Elimination）、简化工作内容（Simplification）、整合相关工作（Integration）、控制关键环节（Controllment）、企业系统最优化（Optimization）5 个环节，简称"依思柯（ESICO）"。

清除非增值活动（Elimination）

非增值活动是指增加商品成本却未增加其对顾客价值的活动，减少或清除这些非增值活动，不会给流程运行造成不良的影响，否则这样的清除活动没有意义。具体清除内容包括：

- 减少资源的过量生产和供应；
- 减少等待时间；
- 节约原材料、人员等生产资源在转移中所耗费的时间；
- 抛弃不必要的制造工艺过程；
- 减少库存，简化审批上报环节；
- 提高生产技术以减少生产过程中的故障缺陷和返工问题，降低原材料成本和机会成本；
- 减少重复性任务；
- 整合统一信息数据的输入与输出，减少数据重复存储；
- 完善和加强自我监督与自我约束机制，减少不必要的监督岗位设置；
- 增强部门的执行力以减少部门之间不必要的协作。

简化工作内容（Simplification）

业务流程再造的一个重要内容是简化不必要或无价值的中间环节，但对有价值的环节也不能坐视不管，因为它们可能存在动作多余或内容冗余的问题，会在一定程度上造成时间成本和金钱成本的攀升。因此，除了消除无价值环节之外，还要同时简化有价值环节。通过这种双管齐下的方式尽可能地让业务流程更加简洁高效。简化工作内容包含以下措施：

- 简化各种表格，以最简单、最直观的方式呈现；

- 简化具体过程，去除不必要的过程；

- 简化动作，消除多余动作；

- 简化工艺生产过程，降低操作难度。

整合相关工作（Integration）

整合相关工作是清除非增值活动和简化工作内容之后的环节，在完成上述两个环节的流程改造之后，将剩余的部分工作组合起来，确保各项工作的流畅度和连贯性。整合相关工作见表8-3。

表8-3 整合相关工作

整合内容	具体做法
整合工作	将比较简单的、具有逻辑连续性的工作转交给一个人或一个小组完成，从而减少工作的交接环节，提高工作效率
整合团队	主要强调地理位置上的整合，尽可能地缩短物料和信息的传递距离
整合顾客	将自身的服务内容和顾客的业务流程结合起来，为顾客提供除了基本需求服务之外的增值服务。留住老顾客，吸引新顾客，消除潜在竞争对手的威胁
整合供应商	与供应商建立紧密的合作关系，减少与供应商之间的多余手续，加快执行时间，提高双方的工作效率

控制关键环节（Controllment）

清除非增值活动和简化工作内容有一定的适用范围，必然与偶然并存，而控制关键环节是必然的，但切忌将对关键环节的控制连同其他需要清除和简化的内容一同处理。作为保证流程有效性的必然手段，要对整个流程中的关键环节进行精准把握。例如，在物料采购过程中，供应商选择、采购价格的确定、采购资金的支付是需要严格把控的 3 个环节；在人力资源管理中，人员招聘、培训、晋升和薪酬确定是 4 个重要的环节；在产品质量管理中，产品的设计、检验、生产的控制是 3 个重要环节。

企业系统最优化（Optimization）

以上业务流程再造的着眼点大多在于对流程的局部优化，但这种局部优化不一定适用于整个企业系统，甚至可能会对酒店企业的运行造成阻碍。因此，业务流程再造必须兼顾整体。很多酒店企业在进行人事辞退时，往往通过支付经济补偿金后直接解除劳动关系的方式来优化这一流程，不可否认，这确实方便了下属公司，但对整个企业来说未必是好事。

在考虑到整个企业系统之后，酒店企业可以对人事辞退流程进行优化：**下属公司在执行人事辞退时要先将辞退对象安排到企业的人力资源部，再由人力资源部根据富余人员技术、经验、擅长领域等情况进体具体分析，为其重新安排岗位**。如此一来，这个辞退流程不但节省了原来需要支付的经济补偿金，还直接填补了其他岗位的空白，减少了新招员工所需要花费的各种资源（例如广告费、面试人员调动与占用、培训费等），整体上来看还有利于人员队伍的稳定。这样的流程对于下属公司的便利性还需考量，但对整个企业系统来说无疑是最优化的。

第 9 章
酒店产品与服务创新策略

酒店产品与服务的创新思维

　　顾客选择酒店产品与服务主要出于两个方面的考虑：一是能否从产品中获取可利用的价值，二是取得这些价值需要付出多少成本。前者要求酒店产品与服务要满足顾客的需求；后者要求产品方便使用，减少顾客的时间成本和金钱成本。从这个意义上来说，基于互联网的酒店产品与服务应当具备两个基本条件：**一是满足顾客的基本需求，二是使用门槛足够低。**

　　酒店产品与服务的创新思维还包括考虑经营者与顾客之间的关系。一方面，酒店经营者以顾客需求为主导，通过熟悉顾客对产品的要求以及自己产品本身的特性为顾客提供令其满意的服务。另一方面，大部分顾客对自己需要什么样的产品没有明确的定位和心理预期，这就需要经营者主动引导，让顾客接受符合时代发展方向的新产品。对于经营者来说，前者是被动改变，后者是主动引导，从经营战略和角度定位考虑，主动引导顾客与自己的产品相适应，是产品需要追求的一个最高目标，经营者的思维需要从前一个阶段过渡到后一个阶段，具体来看，酒店产品与服务的创新思维包括以下 4 个内容。

顾客思维

移动互联网时代，顾客的产品体验往往是产品取得成功的关键。作为企业的营销对象，顾客的话语权逐渐提升。以往的顾客思维往往比较狭隘，例如把产品提供给顾客，如果顾客满意，这个服务流程就基本结束了。现在经营者逐渐意识到，当顾客购买产品之后，自己与顾客的关系才刚刚建立。**不好的产品体验必然会有后续的补偿性服务，好的产品体验也需要后续的维护操作，即获取顾客的反馈信息以追求更极致的产品体验。**

过去，产品质量是人们最担心的问题。目前，随着硬件技术水平的不断提升，凡是在市场上能够长久存活下来的产品，其质量必然不需要被过度担忧。在此形势下，互联网时代的营销思维应与时俱进，在保证质量要求不变的基础上，把着眼点更多地放在提升产品的其他属性上去，例如产品的审美属性。"90后"和"00后"的年轻人正在成为或即将成为社会消费的主力军，顾客思维需要转移到他们身上。这一年轻群体的审美水平不断提升，对产品的审美预期越来越高，酒店经营者需要抓住这一特点，将产品的审美属性和体验感放到重要的战略位置，与这一年轻群体的审美要求与价值观等潜在因素相契合。

迭代思维

互联网将地球变成了"地球村"，全世界的信息连接在一起，信息传递速度与更迭速度越来越快。互联网的这种特点使酒店不得不做出相应的改变，面对不同情况要快速反应、快速调整、快速解决、快速总结等。移动互联网变化得太快，学习和快速迭代比过去的经验更重要。因此，企业要获得更多的顾客资源、提升市场占有率，就必须"以快制胜"。企业还需改变以往革命性改进、缓慢性迭代的方式，将微小改进、快速迭代作为收集顾客意见和反馈的思维方式。

迭代思维强调的是以微小的改革促进产品快速更新，犹如小步伐、高步频的跑步运动。企业要把发现的改进点以最快的速度实施，再以最快的速度投放到市场中去。如果市场反响不错就趁热打铁，如果反响不佳就立即转换方向，这是产品快速更迭的具体要求。

极致思维

极致思维就是在能力范围内将事情做到最好的思维方式。如果酒店吸纳这种思维方式，将大幅提升酒店的核心竞争力。尤其是酒店的服务业务，以追求顾客体验为目标，将服务做到极致，必然会超出顾客的心理预期，提高顾客的满意度，这也为酒店通过顾客来推广产品与服务带来了极大的便利。综上，极致思维在酒店行业的应用，是以顾客为中心、以服务为重点的互联网时代产品转型的有效手段。

简约思维

简约思维类似于经济性原则，酒店行业的简约思维是指服务的时间经济性、操作经济性以及顾客的接受经济性。从顾客视角来看，他们更愿意接受能够节约时间、流程简单的服务，因此时间经济性和接受经济性对顾客来说比较重要。不过有一个前提，简约思维必须保证服务质量不变。对于酒店企业来说，操作经济性需要重点把握，这与前文谈到的简化流程类似，这里不再赘述。

酒店市场定位的原则与步骤

一般来说，无论酒店是否意识到定位问题，在顾客的心中，每家酒店都有自己独特的定位和形象。例如，希尔顿酒店代表高效率的服务，假日酒店代表卫生、舒适、整洁等。由此可见，定位始于产品与服务，但不局限于产品与服务，定位与它们的差异性密不可分。定位是为酒店在潜在顾客的大脑中确定一个合适的位置。千篇一律的产品与服务会导致酒店的市场定位模糊，独具特色的产品与服务才能塑造出酒店独一无二的市场形象。酒店市场定位的四大原则见表9-1。

表9-1　酒店市场定位的四大原则

定位原则	具体内容
顾客导向原则	酒店在进行市场定位时，要抓住主要顾客群体，深入研究他们的消费心理、偏好特点、审美需求等，以此为导向来制造或提供能够满足他们需求的产品和服务。对于酒店来说，抓住所有的顾客不太现实，抓住没有形成规模的一小部分人也不太可行，因为这样的市场太狭窄，除非这一小部分人是高端消费群体
差异化原则	要让顾客看到酒店与其他酒店的不同，这种不同除了要具备独特性，最好还能兼具优越性。从这个意义上来说，酒店的市场定位实际上是一个寻找自身特色的过程，这些特色可以体现在产品性能、功能差异、服务差异、员工结构、个人素质差异、环境差异、促销手段差异、价格差异等方面
个性化原则	如果顾客在购买酒店产品或接受酒店服务时能产生一种特殊的感受，这种感受就是酒店提供给顾客的个性化服务。这里需要注意将个性化与差异化区别开。差异化可以被消除，例如可以通过涨价或降价的方式改变价格差异；个性化是酒店需要长久保持的一个特性，无法消除，也无法被模仿
灵活性原则	市场环境和市场竞争情况在实时改变，这就要求酒店时刻把握市场动态，审时度势地做出相应的市场反应

为了在激烈的市场竞争中占据有利位置，酒店必须通过产品与服务定位来做好市场定位。酒店产品与服务定位的目标是让顾客将本酒店的产品与服务与其他酒店区别开，可以通过以下 3 个步骤实现。

确定竞争对手，分析竞争对手的产品与服务

对于顾客而言，各个酒店之间是相互替代的关系，因此酒店之间必然会有很多共性，例如地区相同、星级相同、顾客群体近似、价格接近等。这些酒店之间是竞争对手的关系，酒店在确定竞争对手时往往单纯地以星级或业务范围为依据，导致星级相同或业务范围相似的酒店会被划分到竞争对手一列。但业务范围应当在市场中去划分，目标市场相同或近似的酒店应被认定为竞争对手。

酒店可以通过降低产品的个别劳动时间来降低价格的方式，检测某个酒店与自己酒店是否存在竞争关系，也可以通过直接降价的方式来检测。前者过程烦琐，但成本低；后者操作简单，但成本高。但不论通过哪种方式，最终

目的都是判断顾客流向，即在自己酒店降价后是否能够吸引到更多对方酒店的顾客。如果有，说明对方酒店是竞争对手；吸引的顾客越多，说明竞争程度越高。

一旦确定竞争对手，酒店就可以通过各种渠道来搜集对方酒店的产品或服务的信息，从质量、价格、特点等方面与自己的产品或服务进行对比，找出自己产品的优势和不足，发扬优势，补足缺点，为树立产品形象和特色奠定良好的基础。

H 准确选择竞争优势，树立市场形象

通过以上方法明确竞争对手之后，酒店应再对其产品与服务进行更加细致的调查和分析，找出差异点，发现本酒店的优势，为产品与服务定位工作的第二步打好基础。

酒店的优势往往不是单一的，而是呈现出多元化。多种优势并存必然是好事，但对于树立个性化的市场形象不一定是有利的。因为多种优势同时出现会使顾客一时难以找到酒店最突出的优势，让顾客对酒店产生一种普遍化和一般化的印象。因此，酒店可以在众多优势中进行取舍，选择一个最适合建设和发展的、最符合市场个性化要求的、最迎合大众消费品位的优势项目，将其他优势作为这一主要优势项目的附属项目来凸显其作用。

酒店产品与服务的主要优势确定之后，必须将这个观念传播到市场中去，这是酒店市场定位的必经环节。酒店的优势不会自发表现出来，必须采取一系列有效的措施和手段，通过网络新媒体等新兴的信息传播方式将自身优势宣传出去，与潜在顾客群体进行沟通交流，引起他们的注意和兴趣，以此来树立自身鲜明的市场形象。

在向外界宣传时，酒店企业必须确保宣传的真实性。**首先，酒店不能缺乏自信，给顾客的宣传定位太低，影响优势的充分发挥；其次，酒店不能过高地估计自身的优势，导致实际产品或服务与宣传内容不符，从而起到反作用；最后，酒店要保证宣传内容明确清晰，以免误导顾客。**

✦ 审时度势，调整产品与服务定位

事物始终处在发展阶段，顾客对酒店及其产品和服务的认知也会随着各种因素的变化而变化。因此，酒店产品与服务定位可能只在某一个具体时期合适，超出这个区间就会与实际情况产生偏差，具体情况如下：

- 竞争对手改变其产品或服务部分属性或推出新产品、新服务，导致其新产品或新服务的定位与本酒店的产品或服务定位相似或一致，侵占本酒店在该定位下的市场份额；

- 顾客的消费喜好发生变化，把原先对本酒店的偏爱转移到竞争对手那里。

当遇到以上情形时，酒店要根据实际情况快速做出反应，例如对本酒店的产品或服务定位进行调整，必要时甚至可以重新定位。但酒店在做出这种决策之前必须切实考虑到以下两个方面的问题。

一方面，酒店要慎重考虑这种调整定位或重新定位的方式会给自身带来多少回报，以及这些回报能否将实施这一方式需要付出的成本抵消，如果可以抵消，那么需要花费多长时间。这些需要酒店综合经济成本和时间成本进行考量。另一方面，酒店还要考虑调整定位或重新定位之后是否会有更多顾客和其他竞争者。潜在顾客越多，这种改变的收益就越高；其他竞争者越少（最好的状态是在这一定位下没有其他的市场竞争者，自己独树一帜），这种改变的价值就越高。 总之，酒店在做出调整甚至是重新定位之前必须对各个因素进行逐一分析和比较，权衡利弊得失，以谨慎的态度和优化的方式进行酒店产品与服务定位。

基于生命周期的产品与服务运营

酒店产品与服务的生命周期有 4 个阶段，即产生、发展、成熟和衰退。酒店除了要根据顾客的消费习惯来提供符合其心仪的服务和产品，还要考虑自己在不同的阶段适合创造什么类型的产品或服务，这是基于顾客和酒店自身的双向考虑。下面对这 4 个发展阶段的各自产品与服务特征进行具体分析。

H 产生期

产生期，顾名思义就是酒店产品或服务的诞生期，这是产品或服务全生命周期的第一个阶段。产生期具有以下特征。

- 产品或服务刚刚被打造出来，知名度低，消费群体对这一新产品、新服务知之甚少，再加上从众消费心理的影响，导致产品或服务的销量难以提升，市场拓展难度较大。

- 酒店经营者将重点放在提升产品或服务的知名度上，通过各种方式、各个渠道对新产品、新服务进行宣传，导致宣传资金投入较大。

- 生产技术不够熟练导致生产成本较高，如果产品或服务的销量很低就有可能导致亏本。

- 市场占有率低，没有引起同行的重视，暂时没有较强的竞争对手，市场竞争环境相对宽松。

想要将处于产生期的新产品或新服务真正打入市场并占据一定的市场份额，酒店经营者必须时刻关注市场变化，根据变化及时调整产品或服务的特性和营销策略，让新产品或新服务尽快进入顾客视野。

H 发展期

酒店产品或服务在经历了产生期后逐渐被市场接受，此时就进入了发展期。发展期具有以下特征。

- 产品或服务根据顾客需求完善变化的过程已经基本停止，产品或服务基本定型，消费群体逐渐稳定。

- 随着产品或服务定型，生产技术水平得到提高并趋于稳定，成本降低，利润增加。

- 产品或服务销量稳步增长，逐渐占据一定的市场份额，引起了同行的关注，逐渐形成市场竞争。

- 酒店经营者通过增加服务项目进一步提高产品或服务的附加价值，以应对逐渐激烈的竞争环境。

- 酒店经营者会采取各种方法进一步挖掘市场潜力，研发新产品、新服务。

为了尽可能地延长产品或服务的发展期，酒店经营者应当将品牌意识植入产品和服务本身，以及营销中去，打造独特的产品品牌，巩固原有的消费群体，挖掘新的潜在消费群体。

成熟期

酒店产品或服务的销售速度不再加快，说明它进入成熟期。此时，产品或服务已经完全被顾客接受。成熟期具有以下特征。

- 竞争对手日益增多，酒店需要考虑如何保持富有竞争力的产品或服务特色。
- 市场上大量出现的替代品和效仿品使本酒店的产品或服务在市场上的占有率下降，导致企业利润下滑。
- 随着市场竞争愈演愈烈，有的酒店产品或服务甚至面临被淘汰的局面。

面对艰难的成熟期，酒店要有强烈的忧患意识，最基本的就是要先确保产品和服务质量不能下降，保证现有的顾客资源不会流失。在这个基础上，酒店可以通过适当降价或拓宽销售渠道的方式吸引顾客的注意。另外，酒店还可以将优秀的传统文化或已有的企业文化整合到产品或服务中去，植入文化内涵。酒店还要防患于未然，及时调整经营战略，迅速开发新产品、新服务。

衰退期

社会在不断发展变化，世界上没有永恒不变的事物。酒店产品或服务在经过一段时间的发展之后必然会面临被淘汰的局面，这是经济社会运行规律的典型表现。衰退期具有以下特征。

- 市场需求饱和，产品生产过剩，产品或服务销量急剧下降，企业利润过低，甚至出现亏本现象。
- 随着新产品或新服务更加便捷的功能和更加符合当下社会需求的特征出现，旧产品逐渐失去了原有的活力。

在产品发展的整个过程中，酒店经营者要仔细观察产品发展的每一个阶段，更敏锐地觉察出产品或服务的衰退期的到来以及到来的原因，根据原因采取相应的措施，改变艰难的销售局面。

如果酒店能够较为准确地把握某一产品或服务的生命周期，那么酒店经营者就可以提前对这一产品或服务进行改造，尽可能延缓衰退期的到来。酒店如果对产品或服务生命周期不太敏感，就需要以极快的速度将产品或服务撤出市场，将损失降到最低，与此同时集中力量开发新产品、新服务。

准确把握产品或服务的生命周期理论，有利于酒店经营者根据产品或服务在不同阶段表现出来的不同特征采取不同的营销策略。这种因时而变和因势而变的经营策略可以让酒店在激烈的市场竞争中保持长久的活力。

酒店新产品与服务开发的实施流程

酒店新产品、新服务是指酒店开发出市场上没有的，或是与现有产品存在一定差异的产品、服务。在酒店整个产品与服务系统中，某一阶段或某一部分的改进、创新、重组、重新定位等，都属于这一范畴。酒店新产品、新服务具有符合阶段化消费需求和顾客新利益要求的特征。

酒店新产品与服务的开发一般是对酒店整个产品与服务系统中某一组成部分的更新和创新。有些大型酒店为了满足商务型顾客的需求，将部分客房改造为商务型客房，并在客房内配备这类顾客可能用到的商务办公用品，例如电脑、打印机、传真机、保险箱等，有条件的酒店甚至还会配备会议室和会议接待区。

酒店开发新产品与服务的原因有两个。一个原因是要满足顾客不断变化的需求，然后将其作为酒店提高其市场竞争力并不断提高自身经济效益的重要手段。在原有产品与服务进入衰退期之后，这一目标将变得更加重要，甚至会成为酒店运营的第一着力点。原产品与服务的衰退导致酒店面临市场危机，酒店必须借助新产品的力量才能延续其原有的市场占有率。另一个原因是附加目标，即通过新产品与服务开发培养员工的创新意识和创新能力，如果酒店将这种精神融入企业文化，就可以建立一支高效运营队伍。

明确酒店新产品与服务开发的目的和重要性之后，接下来探讨开发的主要流程。新产品与服务开发的主要流程如图 9-1 所示。

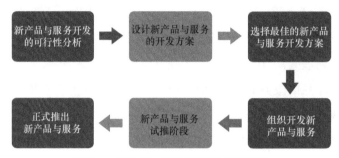

图 9-1　新产品与服务开发的主要流程

新产品与服务开发的可行性分析

新产品与服务开发的可行性分析见表 9-2。

表9-2　新产品与服务开发的可行性分析

分析指标	具体内容
找到新产品与服务开发的必要性	深入分析酒店原有产品与服务的生命周期处于哪个阶段，在此基础上判断有无开发新产品与服务的必要性或紧急程度；分析竞争对手的情况，衡量自身竞争力的大小，以及计划开发的新产品与服务与原有的产品与服务相比有什么优势或显著特征
分析新产品与服务开发的可能性	深入分析酒店现有的人力、资金、技术、硬件设施、市场信息、时间和空间等要素，判断它们能否满足新产品与服务开发的资源消耗
研究新产品与服务开发的意义	研究新产品与服务能否在市场竞争中脱颖而出，对提高酒店的经济效益有多大影响，预估成本是多少，能否实现酒店的利润目标，需要多长时间实现等

设计新产品与服务的开发方案

新产品与服务开发方案的设计需要各部门员工协同参与，需要在对顾客需求深入分析的基础上，动员全体员工从自己所在岗位出发提出意见，这样酒店经营者可以拓宽决策的视野，充分考虑各方因素。除此之外，酒店经营者还需要关注竞争对手的新产品开发情况，做到知己知彼。

选择最佳的新产品与服务开发方案

因为是多部门多人员共同参与，所以新产品与服务开发方案很有可能多于一个。此时就需要继续研究，综合市场背景、成本、收益、特色等因素选择一个最佳开发方案。

组织开发新产品与服务

最佳开发方案确定之后，酒店就要开始付诸实施。实施过程包括筹集资金、采购与安装硬件设施、招聘或培训员工、全面组织生产等。与此同时，酒店还要做好新产品与服务营销计划，确保从生产到销售的无缝衔接。

新产品与服务试推阶段

新产品与服务在刚刚被推出之后，由于顾客对其没有足够的了解和使用经验，接受度往往不高，导致很多酒店不愿意进行新产品或新服务开发。针对这一问题，酒店可以策划一些优惠推广活动，选择一个规模较小的市场，研究新产品或新服务在这个"小市场"中的反响，主动询问或有选择性地采纳试用者的意见与建议。

正式推出新产品与服务

试推工作结束后，酒店已经对新产品与服务在市场中的未来发展趋势有了一个大致的把握。但酒店经营者此时依然不能掉以轻心，还需要根据上一步的实际情况进行更深、更广的市场调查。之后，酒店就可以选择恰当的时机，借用之前制订好的营销策略，将新产品或新服务准确地投放到市场中去。此时，它就进入了生命周期的第一个阶段。

第 10 章
酒店顾客体验的优化策略

基于顾客体验的服务质量管理

随着人民生活水平不断提高，顾客对产品和服务的质量要求越来越高，且伴随着多样化和个性化的趋势。这种变化要求酒店以满足顾客需求为着眼点和出发点，以提升服务质量为目标，不断提升自身优势和竞争力。通过这种提高服务质量以满足顾客需求的方式，可以让酒店在行业竞争中快速占据有利位置。

作为典型的服务行业，酒店之间的竞争本质上是服务质量之间的竞争。具体原因如下。

- 顾客对服务质量有很强的敏感性。服务分为有形服务和无形服务，无形服务是指听不见、摸不着的服务形式。酒店的服务业务就是无形服务的典型代表，将直接影响顾客的情绪和满意度，影响酒店的声誉和经济效益。

- 服务质量与顾客满意度呈正相关关系。酒店服务质量越高，顾客满意度越高；顾客满意度越高，就能获得良好的市场口碑，获得更多的顾客认可，进一步增加酒店收益；酒店的利润增加，如果能将其中一部分用于二次提升服务质量，就能形成良性循环。由此来看，顾客满意度始终是评判酒店服务质量的最终标准之一。

在明确服务质量的重要地位后，我们再来谈谈提高服务质量的具体措施。

提高酒店服务质量的五大策略如图 10-1 所示。

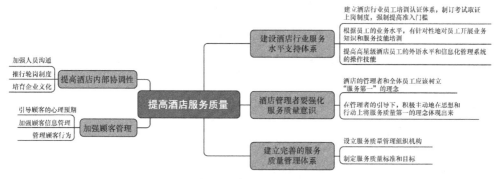

图 10-1　提高酒店服务质量的五大策略

建设酒店行业服务水平支持体系

目前，酒店行业的薪酬福利水平有待提高，酒店可以通过提高从业者收入水平的方式，提高对他们各项素质的要求。具体来看，酒店可以采取以下几个方面的措施：高星级酒店或相关协会建立酒店行业员工培训认证体系，制订考试取证上岗制度，强制提高准入门槛；根据员工的业务水平，有针对性地对员工开展业务知识和服务技能培训；提高高星级酒店员工的外语水平和信息化管理系统的操作技能等。

酒店管理者要强化服务质量意识

酒店的管理者和全体员工应该牢牢树立"服务第一"的理念。在酒店发展过程中，管理者具有很强的导向性作用，应将"服务第一"的理念根植于自身的职业观之中，在日常事务中潜移默化地将这一理念运用到实际操作和决策中。另外，全体员工应在酒店管理者的引导下，积极主动地在思想和行动上将服务质量第一的理念体现出来。

建立完善的服务质量管理体系

1. 设立服务质量管理组织机构

酒店设立这一专职机构体现了酒店对服务质量的重视程度，可以让服务质量管理活动标准化、系统化和制度化。

2.制定服务质量标准和目标

质量管理组织机构可以对服务质量提出明确的分级标准和需要达到的目标下限，让员工有依据地提高自身服务水平。

提高酒店内部协调性

1.加强人员沟通

酒店可以通过集体活动促进内部员工相互沟通。

2.推行轮岗制度

酒店的服务特征决定了各部门之间有很强的关联性，各岗位之间需要频繁交流、交接，且劳动量较大。实施轮岗制度，一方面有利于保持员工的新鲜感，调节长期重复同一工作带来的疲劳感；另一方面有利于充分挖掘员工的其他技能，增强各部门之间的协作能力。

3.培育企业文化

良好的企业文化不仅可以增强员工的归属感，还能获得顾客的认同感，间接提高顾客对酒店服务的满意度。

加强顾客管理

1.引导顾客的心理预期

顾客对酒店服务的心理预期要控制在一个合理的范围内。预期过高，顾客容易产生失望情绪；预期过低，酒店容易丧失对顾客的吸引力。而引导顾客的心理预期的关键在于进行合理宣传。

2.加强顾客信息管理

酒店可以利用大数据信息处理技术，建立专门的顾客信息数据库，整合并存储每位顾客的相关信息（确保在法律允许的范围内）。再运用大数据分析技术对这些信息进行深入分析，了解顾客的消费喜好、服务评价倾向等，还可以为重要顾客或常客提供个性化服务。

3. 管理顾客行为

不是每一个顾客都对酒店的服务程序很熟悉，有些顾客可能会要求酒店提供一些超出职能范围的服务，因此酒店要对顾客行为进行适当管理。

如何做好顾客关系管理

提高顾客忠诚度的关键在于顾客关系管理，许多经营成功的酒店都有一个共同点，就是他们早就将顾客关系管理纳入基本的管理模式。**顾客关系管理是一种用来改善企业与顾客之间关系的新型管理机制，其最终目的是提高顾客的忠诚度，这一点可以通过为顾客提供周到细致的优质服务来实现。**这一管理模式着眼于关系型的营销方式，借助顾客关系管理技术的支持，可以提高酒店盈利水平。如果酒店能形成良好的顾客关系，让顾客在任何时间、任何地点都选择自己的酒店，这样就能促进酒店销售额大幅增长。酒店顾客关系管理的三大策略如图 10-2 所示。

图 10-2　酒店顾客关系管理的三大策略

H 完善顾客的信息数据库

顾客信息数据库是顾客关系管理的物质载体。酒店管理者可以从宏观角度对顾客进行总体把握，通过大数据分析有针对性地做出合理决策；对于酒店普通员工而言，通过顾客信息数据库提供的服务对象的相关资料，他们可以为顾客提供个性化服务，让顾客产生归属感。

以希尔顿酒店为例，该酒店通过建立顾客档案信息库，着重记录顾客的需求偏好，以便在顾客下一次消费时为其提供量身定制的个性化服务。例如，某位顾客经常入住双人床无烟房间，这样的关键信息会被记录到顾客档案信息库中，当这位顾客下次光顾酒店时，即使他不提出这一要求，酒店也会预先询问他是否需要这种房间，或直接办理入住。

建立完善的顾客信息数据库需要从多种渠道搜集顾客的相关信息。具体来说，酒店可以从预订系统、酒店信息管理系统、员工观察顾客需求等渠道进行信息搜集，然后对这些信息进行整合存储，方便以后分析使用。

顾客信息数据库中的资料主要包含以下几类：顾客基本资料（姓名、性别、年龄）、联系方式、订房渠道、房间类型、个人偏好、入住周期、消费记录、投诉处理记录、呼叫服务、积分、忠诚度等。顾客信息数据库见表10-1。

表10-1　顾客信息数据库

姓名		性别		年龄	
联系方式		订房渠道			
房间类型		个人偏好			
入住周期		消费记录			
投诉处理记录		呼叫服务			
积分		忠诚度			
备注					

H 多层次的顾客智能分析

酒店在搜集这些数据时，如果只是简单的资料堆积，很容易使操作机械化，不能充分发挥信息数据库的作用。酒店需要对这些数据进行细致划分和归类，从中总结一些看不见的信息，例如顾客的消费心理、审美观念等。同时，不同的顾客对酒店利润的贡献也不同，有的顾客可能频繁光顾，有的顾客虽然光顾次数少但在酒店消费额较高，有的顾客可能在很长一段时间内只光顾了一两次且没有较高的消费活动……如果酒店能够准确把握这些数据，就能划分出一个顾客利润贡献率的层级系统。这实际上是一种"精细营销"策略，在层级系统建立的基础上，针对不同的顾客采用更适合的服务策略。

顾客关系管理系统根据酒店行业的营销特点，明确建立良好顾客关系的重要性，充分发挥大数据的统筹和分析作用，例如客源结构分析、竞争对手分析、服务人员业绩及评价分析、趋势预测等，为酒店管理者的决策提供可靠参考。

⊞ 建立一对一的营销与服务

顾客进入酒店是为了享受酒店提供的便利服务，这与顾客情感牢牢挂钩。酒店服务质量直接决定了顾客以后的酒店选择，实施顾客关系管理是酒店快速占领市场并提高顾客忠诚度的有力手段。顾客关系管理系统可以直观地让酒店知道某个顾客的核心需求，从而有针对性地为其提供定制化服务，通过个性化的服务让顾客产生归属感，进一步转化为忠诚度，带来消费次数和消费额的增长，产生口碑效应，给酒店带来更多新顾客。

通过建立顾客关系管理系统，掌握顾客层级分布，酒店就可以深入分析、认真规划，根据顾客价值的不同制订一对一的营销与服务计划。在提高老顾客忠诚度的同时吸引新顾客，对新顾客提供个性化的服务安排，让新顾客转化为老顾客。

酒店个性化服务的落地路径

随着消费不断升级，顾客对酒店服务提出了越来越多个性化需求，为了满足顾客的这些需求，酒店就要推出个性化服务。酒店个性化服务的落地路径如图10-3所示。

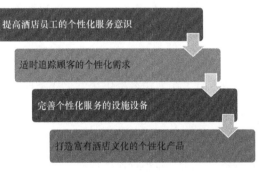

图10-3 酒店个性化服务的落地路径

⊞ 提高酒店员工的个性化服务意识

酒店想要提高个性化服务水平，必须要提高员工的个性化服务意识，这是员工与顾客建立联系的第一个环节。员工的个性化服务意识和理念将直接影响顾客的服务体验。

- 酒店要在新员工招聘方面融入这一理念，在对应聘者进行考核时，应当将个性化服务意识作为考察重点，确保每一位新入职员工自带个性化服务意识，将个性化服务理念从源头开始传递下去。

- 对于已经入职一段时间的员工，酒店要通过培训的方式提高他们的个性化服务意识和能力。酒店可以围绕个性化服务，建立考核奖惩制度，鼓励员工提出自己对个性化服务的见解、建议和措施。酒店还可以通过主动建言献策和被动奖惩约束相结合的方式，全面推进老员工改进服务方法、建立个性化服务意识的进程。

适时追踪顾客的个性化需求

酒店员工要为顾客提高个性化服务，必须了解顾客的具体需求偏好。酒店还需要建立完善的顾客信息数据库，对顾客进行实时追踪，然后在适当的时机为顾客提供个性化服务。

- 把握服务时机。根据顾客在消费时间上的习惯，判断顾客何时需要服务，何时不便被打扰，从而适时地为其提供个性化服务。

- 把握服务尺度。在充分了解顾客的消费心理之后，判断顾客需要何种程度的服务，服务不到位会降低顾客满意度，服务过于繁杂又会让顾客感觉拘谨、受到约束。

酒店员工在为顾客提供个性化服务时，不能仅限于利用顾客信息数据库提供的信息，因为这些信息有可能与实际情况产生一定程度的偏差。因此，酒店员工还需要积极主动地与顾客交流，一方面让顾客产生被关心的感觉，另一方面获取更加真实、详细的顾客需求信息。另外，酒店员工的思维方式也需要转变，从原来的"我觉得顾客需要……"转变为"如果我是顾客，我在此时需要……"。这样设身处地的思维方式可以进一步地提高员工的个性化服务能力和水平。

完善个性化服务的设施设备

不仅酒店员工需要具备个性化服务意识，酒店管理者也需要打破传统思维，将个性化服务看作未来酒店行业竞争的关键性要素，在个性化服务设施设备上投入一定的资金，以此来满足顾客的服务体验。

- 对于设施老化、装修风格与当下审美需求不符的房间要进行重新设计和装修，可将现代派的艺术形式融入酒店的装修风格，还要尽可能地结合酒店的企业文化，在装饰和配置上体现酒店的创意和个性。
- 增加对酒店服务人员个性化培训的资金投入，以多种方式将员工培训为合格的个性化服务人员，以最快的速度满足顾客的个性化需求。
- 鼓励和支持后厨部门创新菜品，或招聘各类菜系的厨师，满足来自不同地区的顾客的不同口味需求。
- 有条件的大型酒店可以配备亲子度假主题客房，设计亲子休闲项目，在酒店大堂或其他环境较好的地方设立供儿童玩耍的娱乐小场所。
- 注重细节打磨，酒店可以在客房中的一些地方张贴一张提示细节问题的小纸条，以此赢得顾客好感。

H 打造富有酒店文化的个性化产品

酒店的个性化服务不仅体现在微观视角下员工为某一顾客的服务上面，还体现在宏观视角下蕴含酒店文化的个性化产品和品牌上面。酒店要在充分了解顾客需求的基础上，结合企业文化和优势，将个性化服务提高到酒店产品定位层面上，丰富个性化服务指标，进一步提高个性化服务能力。

例如，北京大观园酒店不仅借用中国古典名著《红楼梦》中大观园的名称，还考察了作品中出现的建筑风格、大观园的文化内涵等，将它们融入酒店设计和装饰中，还将《红楼梦》中的部分文化要素加入酒店的产品和服务。顾客入住其中，犹如进入了《红楼梦》描述的世界中。

再如，亲子文化主题酒店要将儿童当作个性化服务的主要对象，酒店装修要根据儿童心理侧重动漫风格，可在酒店大厅周围和顶部绘制星空图案，走廊使用海洋卡通图片；客房设置多个动漫主题（海绵宝宝套房、熊出没套房等），让顾客根据孩子的喜好自由地选择房间。

在基础设施方面，酒店还应从孩子的角度出发考虑到一些可能会被使用的设施，例如在房间配备纸尿裤、儿童专用柔软纸巾、婴儿车等；在酒店花园或大厅提供大型玩具，例如滑梯、秋千、探秘洞穴等。这些都是酒店打造和提供富有酒店文化的个性化产品的典型表现，可以充分满足这类顾客的需求。

亲子主题客房如图 10-4 所示。

图 10-4　亲子主题客房

酒店体验营销的实施流程

体验营销是通过看、听、用、参与等手段，充分刺激和调动顾客的感官、情感和思考，借此为顾客创造出有价值的产品或提供有价值的服务的营销方法。作为服务业的典型代表，酒店开展体验营销是很有必要的。下面对酒店开展体验营销的方法进行具体阐述。

探索目标市场及顾客体验期待

首先要把握好顾客对体验的心理预期。顾客满意度又与真实的体验感和体验前的心理预期有一定的关系：在心理预期不变的情况下，体验感较高，顾客满意度就越高；体验感和期待基本持平，顾客也会感到满意；如果体验感过低，顾客满意度就会下降。因此，酒店在引入体验营销时要特别注意一定要基于前期市场调查的结果对顾客的心理属性、心理倾向等有一个明确的把握，尽可能地创造至少能够满足顾客心理预期的价值体验。还有一点需要注意，不同的顾客有不同的期待，一定要采用个性化的方式区别对待。

明确主题将体验方式当作导向实施定位

选择正确的目标顾客，明确顾客精神体验的主要观念，然后寻找除了经济实惠、省力便捷之外的其他竞争要素，创造出个性化的营销理念。

推行体验营销的经济型酒店基本符合上述要求。以锦江之星酒店为例，该酒店适应体验消费的新消费形态，明确自身的创意及市场定位——即个性化的快乐体验和市场经济型酒店，成功开辟了这一市场定位下的酒店的未来发展新道路。锦江之星酒店把"90后"群体视为重点营销对象，为他们提供个性化的服务体验，满足其追求快乐的心理要求，又考虑到这一群体的消费能力，始终保证酒店的经济性。体验营销理念迎合市场新要求，为酒店的持续性发展带来极大的可能。

探究目标顾客主要体验因素

如果顾客对酒店环境、服务、设备等提出表扬、建议或不满，酒店要将这些信息收集到一起进行集中评价，明确体验要素出现的频率以及顾客对其的认同情况，然后制定一个专门的营销方案供顾客了解产品和服务。

酒店在设计中还需要融入文化，可以把书籍作为酒店的基本要素，将书籍的地位提升到与床、用餐服务等相同的高度，让顾客感觉到书籍和知识与这个酒店合为一体，刺激顾客进一步了解酒店的深层次信息。总体来说，酒店主要为顾客提供服务价值，如果将知识价值融入其中，就可以让顾客的体验从生理层次和简单的精神感受上升到复杂而深刻的精神层次。

H 全面精心提升顾客体验

1. 打造体验式项目

酒店在规划体验项目时要基于产品定位，搭配符合产品文化的情景布置，例如选择柔和的灯光还是斑斓的灯光，选择轻音乐还是摇滚乐，空间以狭窄为优还是以宽阔为优等。这些要素组合起来，再辅以个性化的产品说明或专门的解说，就可以拉近产品与顾客之间的距离。总之，酒店要发挥一切符合产品定位的想象力，打造有足够吸引力的体验式项目。

2. 提供体验式服务

在信息化高度发达的时代，相同产品之间的差异性对比变得非常方便。通过对比，酒店可以很快发现自身的不足并及时纠正，保证产品在市场上的质量与口碑。鉴于这种情况，产品的附加体验就变得尤为重要。相同的产品，哪个酒店能提供更加周到的服务，就能拥有更强的竞争力。因此，酒店要重视这种附加属性，在保证常规服务有序完成后，让顾客感受到酒店对其的关注，从而让顾客产生一种依赖感。

3. 加强体验式传递

酒店可以发起一些体验活动，提高顾客体验消费的积极性，同时将体验活动的积极效果与影响在市场上宣传开来。在此基础之上，酒店还要加强体验的多样化、人性化和个性化，根据不同的顾客类型和不同的顾客心理预期采取不同的传递措施，对顾客体验过程和体验价值感受的产生过程进行积极引导。

4. 加大网络体验构建力度

目前，几乎所有的企业都开始重视并运用互联网来拓展营销模式，对于酒店来说，其自身特征决定了互联网对它的作用大于其他大多数行业。因此，酒店要充分利用互联网信息技术平台，尽可能地在更大的范围内寻求更多的顾客资源。如果酒店能设计一个单独的门户网站，或者利用信息投放中介公司，就可以降低销售成本，最主要的是可以拓宽销售渠道，获得更多的顾客。对于酒店来说，网络营销的推行是其在市场上获得良好竞争力的原因之一。

第 11 章
酒店 OTA 运营的操作技巧

国内 OTA 市场的竞争格局

随着互联网的不断发展，在线旅行社（OTA）应运而生。OTA 的出现深刻地改变了酒店的经营、管理和运作模式。OTA 是一种基于互联网、信息通信等技术为终端顾客提供在线咨询、在线预订、在线支付、在线评论、在线投诉等服务的旅游中介平台，处于酒店旅游产业链的中间环节，具有非常广阔的发展空间。

根据移动互联网大数据监测平台 Trustdata 发布的《2019—2020 年中国在线酒店预订行业发展分析报告》，2019 年，中国在线酒店预订用户数持续增长，酒店预订间夜量[1]同比增长 20%，总规模接近 4 亿间。2019 年，我国 OTA 头部企业的业绩总体良好，大型 OTA 平台的主要营业指标同比增长 19% 以上，远超 2018 年我国 OTA 行业的增速 9.3%。

目前，我国主流 OTA 平台有携程系（携程、去哪儿网、同程艺龙）、美团系（美团、大众点评）、阿里系（飞猪旅行）。下面对这三大平台的发展情况进行简单分析。

---

1 间夜量：也叫间夜数，间夜数是酒店在某个时间段内，房间出租率的计算单位，计算公式为间夜数=入住房间数×入住天数。

携程系

在 OTA 行业中，以携程、去哪儿网为主体的"携程系"所占市场份额达到 63.9%。

1. 携程

1999 年，季琦、范敏、梁建章、沈南鹏在上海创立携程。2003 年，携程作为中国 OTA 第一股在美国纳斯达克成功上市。携程的早期业务主要是酒店与机票预订，经过 20 多年的发展，它已经成为中国 OTA 行业的龙头企业，业务涵盖酒店预订、机票预订、旅游度假、商旅管理及旅游资讯等一系列酒店旅行服务。携程旅游多元化服务如图 11-1 所示。

图 11-1　携程旅游多元化服务

在抢占国内酒店旅游市场的同时，携程还积极向全球市场扩张。在国内酒店旅游市场方面，携程合并了最大的竞争对手去哪儿网，并入股同程艺龙、途牛等 OTA 企业。在全球市场方面，携程是印度 OTA 巨头 MakeMyTrip 公司的最大股东，拥有 49% 的总投票权；收购了英国的旅行搜索平台天巡（Skyscanner），天巡是全球最大的机票搜索平台之一，支持 30 多种语言，服务 190 个国家和地区的用户。此外，携程还积极投资出行、民宿等细分领域，持续强化自身的综合旅行服务能力。

2. 去哪儿网

去哪儿网于 2005 年 5 月在北京创立，是国内领先的 OTA 平台。基于先进的智能搜索技术，去哪儿网对互联网上的旅游信息进行整合，帮助旅行者高效便捷地安排旅行计划，其业务涵盖酒店、度假、票务（包括汽车票、火车票、机票、景点门票）、团购、租车、接送机等多个领域。去哪儿网多元化服务如图 11-2 所示。

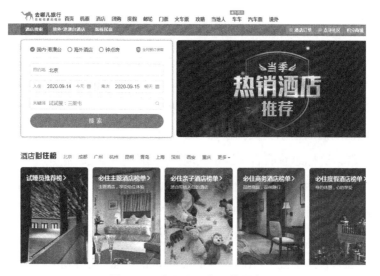

图 11-2　去哪儿网多元化服务

截至 2019 年 3 月，去哪儿网搜索覆盖全球 68 万多条航线、580 家航空公司、147 万家酒店、9000 家旅游代理商、120 万多条度假线路、1 万多个旅游景点，并与国内外上百家航空公司达成深度合作，打造了一个融合线上、线下全价值链的 OTA 服务生态系统。

3. 同程艺龙

1999 年，艺龙在美国特拉华州成立，主营业务为酒店预订等城市生活服务。2002 年，同程在中国苏州创立，早期业务为网络名片分销，后续又发展了机票、景点门店及酒店预订业务。2007 年，艺龙旅行网与同程旅游集团旗下的同程网络合并为一家新公司“同程艺龙”。2008 年，同程艺龙在港股上市。

自成立以来，同程艺龙高度重视技术创新，组建了拥有近 2000 名员工的 IT 部门为公司提供技术支持，已经实现业务端自动化，75% 的住宿间夜与 94% 的机票订单都已经实现自动化处理。未来，同程艺龙将深耕智能出行领域，推动酒店旅游产业链不断升级，为顾客带来全流程陪伴式管家服务，最终实现从 OTA 向 ITA[2] 的转型升级。

美团系

1. 美团

美团于 2010 年创立，凭借团购业务起家。2013 年，美团开始布局酒店旅游业务，为了避免与携程正面碰撞，美团重点发力三四线城市，通过满足年轻旅客的本地低端酒店需求，发掘了三四线城市增量市场。2015 年，美团成立酒店旅游事业群，这标志着酒店旅游正式成为美团的一项战略业务。

低佣金率是美团旅游酒店业务发展壮大的重要因素，而低佣金率的背后是美团强大的 IT 系统技术（例如智能推荐、移动支付、路径规划、软硬件开发、无人配送技术等）。除了佣金率较低外，美团还积极通过科技赋能商家，例如为酒店开发酒店管理系统（Property Management System，PMS）、收益管理系统（Revenue Management System，RMS），帮助酒店快速掌握整体运营情况，安全高效地开展离线与在线交易，显著增强酒店的获客能力。

2. 大众点评

大众点评于 2003 年在上海成立，定位为本地生活信息及交易平台。2014 年，大众点评开始布局酒店旅游业务；2015 年，大众点评与美团联合发布声明，宣布双方达成战略合作，成立新公司美团大众点评。

大众点评的酒店旅游业务主要通过引流的方式完成变现，即引导体验过酒店、旅游景点的用户在平台上进行评论，这些评论又会帮助大众点评吸引大量流量，然后大众点评再以打包的流程分成协议价向酒店、旅游景点等顾客收费。

2　ITA：Intelligent Travel Assistant，智能出行管家，是指利用 AI、IoT、大数据等技术，全面改造出行场景，通过"算法 + 数据"推动酒店旅游产业的智能化升级。

H 阿里系

阿里系 OTA 平台飞猪旅行由"阿里旅行—去啊"升级而来，其主营业务为机票、民宿及旅游套餐预订服务。2009 年，阿里巴巴推出了淘宝旅行，并成立航旅事业部，开始布局旅游市场。2014 年，阿里巴巴将旗下航旅事业部升级为航旅事业群，同时将淘宝旅行升级为独立品牌"阿里旅行—去啊"。2016 年，"阿里旅行—去啊"升级为飞猪旅行。2018 年，飞猪旅行发布了"新旅行联盟"计划，根据该计划，飞猪旅行将联合全球旅行服务商、各国旅游局、阿里巴巴生态伙伴等，打造以消费者为中心的、实现全链路连接的行业新生态。

飞猪旅行得到了阿里巴巴在流量、支付、技术、体验等方面的大力支持。目前，淘宝与支付宝的旅游消费频道（例如手机淘宝的"飞猪旅行"、支付宝的火车票机票与酒店出游等）都已经向飞猪旅行开放，与此同时，阿里云也为飞猪旅行提供大数据与人工智能算法的支持，帮助其实现全域旅游"服务、管理、营销"三位一体。淘宝与支付宝旅游消费频道对飞猪旅游的支持如图 11-3 所示。

图 11-3　淘宝与支付宝旅游消费频道对飞猪旅游的支持

更关键的是，飞猪旅行没有采用 OTA 平台普遍运用的代理抽佣模式，而是选择了淘宝平台模式。在该模式中，飞猪旅行只负责搭建入口，通过轻量化运营降低成本，商家入驻飞猪旅行平台后自行负责产品销售，只需要向飞猪旅行支付很低比例的佣金。借助该模式，飞猪旅行的机票标品及高端酒店打折券业务实现了迅猛发展。

酒店 OTA 预订操作的流程

近年来，通过 OTA 平台预订酒店已经成为越来越多顾客的选择。那么，从酒店运营层面来看，酒店 OTA 预订应该执行哪些操作呢？OTA 预订又应该注意哪些事项呢？

OTA预订操作的4个流程

1. 接收 OTA 预订单

酒店可以通过多种方式接收 OTA 预订单，例如手机商家版顾客端、OTA 公众号平台、酒店 Ebooking[3] 等。酒店的 OTA 预订单处理时效关系到酒店在 OTA 平台中的排名，因此，酒店应该尽快处理 OTA 预订单。

大型酒店可能有专门的 OTA 运营专员负责处理 OTA 预订单，OTA 运营专员接收 OTA 预订单后需要及时反馈给前台服务人员，避免顾客预订酒店后无房可住的情况发生。

中小型酒店通常由前台服务人员完成这项工作，由于前台服务人员的工作比较繁杂，为了避免前台服务人员忘记处理 OTA 预订单，酒店可以在前台安装一个音响，提醒前台服务人员及时处理。

2. 查询客房流量

酒店 OTA 运营人员接收到 OTA 预订单后，要先对酒店客房流量进行查询，确定酒店目前仍有 OTA 预订单上要求的客房，然后才能确认顾客可以预订。在这一环节，酒店 OTA 运营人员需要注意以下事项。

- 分析酒店预订政策，了解酒店当日中介预留房的情况。
- 对于客房供应紧张、保留时间较长、预订客房数量较多等特殊情况下的 OTA 预订单，酒店 OTA 运营人员应要求顾客担保预订。

3　Ebooking：一种接单与酒店管理的工具。

- 实时关注客房出租情况，据此确定中介预订接受量。
- 在 Ebooking 后台管理保留房[4]设置，例如将保留房设置成"限量设置"，一旦保留房销售完毕，房态将自动关闭，避免出现"爆房"的问题。

3. 预订信息录入酒店管理系统

酒店 OTA 运营人员查询完客房流量后，如果确认顾客可以预订，要将预订信息及时录入酒店管理系统。录入信息时，酒店 OTA 运营人员要保证 OTA 平台名称、客源类型、佣金政策等关键信息的准确性。

4. 回复确认

回复确认的作用主要是告知顾客成功预订客房。酒店 OTA 运营人员可以直接在 Ebooking 后台点击回复，将酒店管理系统生成的订单号填写在电子订单上，方便顾客查询订单情况。

OTA预订注意事项

- 无特殊情况不得拒绝 OTA 预订单，如果因为特殊情况而拒绝 OTA 预订单，酒店 OTA 运营人员要及时向顾客说明情况，争取得到顾客谅解。
- 节假日等客流高峰期提前做好房控。
- 核对顾客预订日期与抵达时间，确保其有效性。
- 做好特殊要求备注。有的顾客会提出特殊要求，例如无烟房、连号房、低噪声房、撤掉房间内酒水、提供发票等。酒店 OTA 运营人员要将这些特殊要求备注在 OTA 预订单上，以便相关人员为顾客提供令其满意的服务。

客房 OTA 预订率提升技巧

提高客房 OTA 预订率是 OTA 运营中的一项重点工作，在运营实践中，酒店 OTA 运营人员怎样才能提高客房 OTA 预订率呢？一个简单有效的方式就是

---

4 保留房：酒店留出一定数量，供平台自由售卖的房间，保留时间内，酒店不能关闭房态。

模拟顾客预订酒店场景，找到影响顾客下单的高权重因素，然后对 OTA 运营进行针对性优化。具体来看，顾客在 OTA 平台预订酒店时，主要关注以下 5 个因素。顾客在 OTA 平台预订酒店关注的五大要素见表 11-1。

表11-1　顾客在OTA平台预订酒店关注的五大要素

关注要素	具体内容	应对策略
位置	顾客在 OTA 平台预订酒店时，首先考虑的是位置因素。因为住酒店的顾客出行前会确定一个目的地，只有在目的地范围内的酒店才在其考虑范围内	酒店 OTA 运营人员要在 OTA 平台的商家后台如实填写酒店位置信息，并提供具体的路名、门牌号等，确保预订酒店的顾客可以快速到达酒店。有些酒店可能不在一楼或者酒店位置比较偏僻，为了避免顾客在寻找酒店的路上耽误太多时间，酒店 OTA 运营人员可以在 OTA 平台的酒店店铺问答区详细说明酒店路线，或者主动发送信息告知顾客，还可以为有需要的顾客提供专车接站服务
点评	很多顾客在 OTA 平台预订酒店时会浏览酒店的顾客评论，通过分析评论内容好坏决定是否下单。与酒店的好评相比，顾客可能更加关注酒店的差评，因为部分顾客可能为了得到酒店的红包、优惠券、礼品等在 OTA 平台给予酒店好评，但绝大多数差评都是顾客的真实想法	酒店 OTA 运营人员不仅要重视引导顾客给出高质量的好评，更要重视对差评的处理，例如及时调查事情真相，给予差评顾客一定的补偿，采取有效的改进措施等
床型	让顾客得到良好的休息是酒店的责任与义务，而床型是影响顾客休息质量的主要因素	酒店 OTA 运营人员应保障床的数量、宽度、长度、材质、床上用品、入住人数等床型信息真实有效。除了文字描述外，酒店 OTA 运营人员可以拍摄一些高清实物照片，以便顾客快速了解床型信息
早餐	随着人们生活水平的不断提高，吃健康营养的早餐已经成为很多人的习惯。有些顾客会因为 OTA 平台上的酒店不提供早餐或者早餐质量不佳而放弃下单	酒店 OTA 运营人员应将酒店的早餐产品添加到酒店的页面上，并做好食品的食材、烹饪工艺、营养成分等方面的宣传
面积	此处的面积是指客房面积。不同的顾客对客房面积有不同的要求，虽然酒店面积可以用具体的数字表示，例如 20 平方米、50 平方米等，但很多人对这些数字并不敏感，无法根据这些数字想象出房间究竟有多大，而实物图片可以很好地解决这一问题	酒店 OTA 运营人员上传图片时，要注意上传客房全局照片，让顾客直观地感受客房情况；可以运用拍摄技巧、修图工具等对照片进行美化，但美化要适度，否则顾客有可能因为图片与客房实景不一致而向 OTA 平台投诉

当然，顾客在OTA平台预订酒店时考虑的并不只局限于上述5个因素，酒店品牌、周边配套设施、服务质量、是否支持取消订单等也会影响顾客的下单决策，而且不同的顾客关注的重点也各不相同。因此，为了更好地引导目标顾客下单，酒店OTA运营人员需要充分考虑目标顾客的特性与需求。

酒店OTA详情页优化技巧

当顾客在OTA平台下单时，通常会经历"OTA平台首页—列表页—详情页—预订页—支付页"的流程，其中，详情页对顾客下单转化的影响是最为直接的。实践过程中，酒店OTA运营人员可以从以下几个方面对OTA平台的酒店详情页进行优化。

酒店优惠活动——领券优惠、满减

OTA平台详情页可以用来向顾客展现酒店的代金券、满减等优惠活动，这类活动不仅可以增加酒店的订单量，还有助于提高客单价（例如，顾客为了使用满减优惠增加消费金额）。酒店优惠活动如图11-4所示。

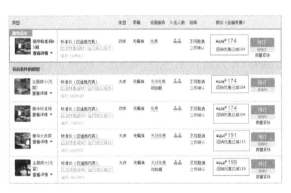

图11-4　酒店优惠活动

酒店特点展示

有特色的酒店向来不缺顾客，OTA平台的酒店详情页就是展示酒店特色与亮点的重要渠道。以详情页中的头图为例，头图可以用来展现酒店的整体风格、装修设计等，与此同时，酒店还可以借助AR/VR视频，向顾客全方位展示酒店特色。头图展现酒店的整体风格如图11-5所示。

图 11-5　头图展现酒店的整体风格

客房细节实拍——整体、细节

在 OTA 平台，酒店提供客房细节实拍图往往可以加深客房在顾客心中的印象。好的细节实拍图可以让顾客产生身临其境的感觉，增加顾客下单预订的概率。为了达到这种效果，酒店 OTA 运营人员可以在酒店 OTA 详情页上传客房正面、侧面、内部硬件设施细节图，以及特色物品特写图（例如，酒店为顾客准备的伴手礼等）。客房细节实拍如图 11-6 所示。

好评率及数量

目前，OTA 平台普遍不显示酒店产品销量，在这种情况下，评论量便成为顾客判断酒店产品销量的重要因素。不难想象，在两家酒店的客房价格、硬件设施相差无几的情况下，大多数顾客会选择评论多的酒店。评论多代表该酒店经过了大量顾客检验，入住该

图 11-6　客房细节实拍

酒店更让人放心。因此，酒店 OTA 运营人员要注意引导顾客积极评论，尽可能地提高酒店的单项评分与综合评分。顾客评价如图 11-7 所示。

图 11-7　顾客评价

温馨提示——顾客体验细节

在 OTA 平台详情页，酒店 OTA 运营人员可以将酒店周边环境、停车场、周边设施、注意事项等信息告知顾客，在增加顾客对酒店了解程度的同时，给顾客留下良好的印象。这类信息要简洁明了，准确规范，可以避免误导顾客。酒店的温馨提示如图 11-8 所示。

图 11-8　酒店的温馨提示

酒店 OTA 评论处理的技巧

TripAdvisor(猫途鹰)公司的一项研究表明,71% 的旅行者认为酒店管理者针对评价做出回应是很重要的。那么,酒店 OTA 运营人员应该如何有效回复 OTA 平台的顾客点评呢?

根据点评类型进行回复

OTA 平台中的顾客点评可以分为差评、中评及好评。从感情色彩层面来看,顾客点评可以进一步细分。基于感情色彩的顾客点评分类见表 11-2。

表11-2 基于感情色彩的顾客点评分类

类别	感情色彩	点评内容
差评	实事求是	九点半到餐厅,早餐已经基本没有了
	情绪型	餐厅太差了
	混合型	餐厅太差了,去晚了早餐就没有了
中评	凑字数,赚积分	呵呵
	感受普通	还行,过得去
好评	盲目喜欢	不愧是 × × 酒店,到哪我都选择它
	举例说明	× × 酒店的客房洗澡太舒服了,热水出来很快,而且水量充足

1. 差评回复

移动互联网的强大传播能力使 OTA 平台上每一条顾客差评都有可能演变为酒店的公关危机。因此,为了有效安抚顾客,避免事态扩大,酒店 OTA 运营人员必须及时回复差评。差评回复可以采用以下技巧。

- 酒店 OTA 人员回复差评时,要先向给出差评的顾客表示感谢。顾客愿意评论说明对酒店有一定的期待。

- 如果问题确实出在酒店方,酒店 OTA 运营人员应该立即向顾客承认错误,并向顾客承诺改进。

- 如果问题出在顾客身上，酒店 OTA 运营人员应该向顾客耐心解释，让顾客感受到酒店的尊重。
- 无论发生什么情况，酒店 OTA 运营人员都不能与顾客在评论区争论，也不能将责任推卸给某个员工或某个部门。
- 如果酒店可以有效解决顾客提出的问题，OTA 运营人员要向顾客说明酒店的解决方案。
- 如果酒店无法解决顾客提出的问题，OTA 运营人员要向顾客说明原因，争取得到顾客的谅解。
- 对于"吐槽"酒店产品性价比不高的点评，酒店 OTA 运营人员可以将酒店产品与同类、同区域酒店的产品进行对比，消除顾客对酒店产品性价比不高的疑虑。

2. 中评回复

中评回复对酒店的负面影响相对较低，给出中评的顾客通常认为酒店在某些方面还有进步空间。中评回复可以采用以下技巧。

- 向顾客表示感谢，并向顾客承诺酒店将继续努力，争取做到让顾客满意。
- 用幽默的语言回应顾客，如果顾客说"还可以"，酒店 OTA 运营人员可以回复"感谢您选择我们酒店，下次争取让您说'很棒'"。
- 回复顾客时简单地介绍酒店的最新活动。

3. 好评回复

OTA 平台上的顾客好评有助于酒店的口碑与品牌建设，通过回复这类评论，酒店 OTA 运营人员可以提高顾客留下好评的积极性，在吸引新顾客下单的同时，刺激老顾客二次消费。好评回复可以采用以下技巧。

- 委婉地接受顾客赞美，并邀请顾客再次入住。
- 挑选部分好评顾客给予奖励，吸引其他顾客留下好评。
- 发现顾客多次下单时，要向顾客的长期支持表示感谢，并告知顾客酒店未来在改善产品与服务方面的计划，让顾客产生期待。

回复顾客点评的内容技巧

- 避免长篇大论。回复顾客评论时，酒店 OTA 运营人员应该力求简洁，对于一些需要详细解释的顾客评论，可以适当增加字数，但要注意适可而止，因为很多顾客对长篇大论式的回复根本不感兴趣。
- 可以适当加入酒店的广告信息，例如加入酒店的营销活动、特色产品等。
- 回复要人性化、接地气，避免说套话。
- 避免出现错别字，否则很容易给顾客留下不专业、不认真的印象。

应对差评的不当做法

一直以来，差评处理都是酒店 OTA 运营人员的一项工作难点。处理差评的不当做法见表 11-3。

表11-3　处理差评的不当做法

不当做法	具体危害
电话骚扰顾客甚至威胁顾客删除差评	这种做法损害了顾客的合法权益，顾客将相关证据提交给 OTA 平台甚至公安人员后，将给酒店造成极大的负面影响
与顾客争论甚至对顾客恶语相向	这种做法会损害酒店声誉，酒店 OTA 运营人员代表的是整个酒店。与顾客争论、对顾客恶语相向都会严重损害酒店形象
打官腔，敷衍顾客	当酒店 OTA 运营人员打官腔式地回复顾客时，顾客会认为酒店不重视自己。对于这类酒店，顾客会避而远之

酒店 OTA 客服的沟通技巧

酒店 OTA 客服是酒店与 OTA 渠道顾客沟通的桥梁。为了更好地展示酒店形象、为顾客答疑解惑、引导顾客下单预订等，酒店 OTA 客服人员应该掌握以下沟通技巧。

感同身受

酒店 OTA 客服人员要具备同理心，能够想顾客之所想，急顾客之所急。大多数顾客都是明理之人，知道错误很难完全避免。很多时候，他们向 OTA 客服抱怨只不过是想要倾诉心中的不满，获得他人的理解。酒店 OTA 客服人员可以运用以下技巧让顾客明白酒店是理解他们的。

- 拉近与顾客的距离，主动向顾客自我介绍，称呼顾客的姓名（××先生/女士）。
- 站在顾客的立场与他们沟通，让顾客明白酒店理解他们，并且愿意帮助他们解决问题。
- 当顾客表示很委屈时，酒店 OTA 客服人员要表示同情，并向顾客真诚地道歉，安抚顾客的情绪。

【用语示例】

① "如果我是您，我也会很生气的……" "我与您深有同感……"

② 请您不要担心，我非常理解您的心情，我们酒店一定会给您一个满意的结果。

③ 如果是我遇到这种问题，也会有您现在的心情。

④ 发生这样的事情，给您造成了诸多困扰，不过我们应该积极面对，您说是吗？

⑤ 我非常理解您现在的心情，请您给我们一些时间，我们把事情调查清楚后一定会给您一个满意的答复。

⑥ ××先生/女士，给您造成这么多麻烦，我代表酒店向您说声"对不起"。如果我是您的话，我也会很生气。请您先消消气，给我一点时间，我向您解释一下这件事情可以吗？

H 积极承担责任

酒店 OTA 客服人员在与顾客沟通时，要积极承担责任，多从自己身上找问题。OTA 客服人员与顾客沟通的 3 种不当行为见表 11-4。

表11-4 OTA客服人员与顾客沟通的3种不当行为

不当行为	具体表现
反驳顾客	很多顾客与酒店 OTA 客服人员沟通的主要目的是表达心中的不满，或者希望酒店在某些方面做出进一步改善。如果酒店 OTA 客服人员反驳顾客，很容易引发更大的矛盾冲突

（续表）

不当行为	具体表现
沉默不语	面对怒气冲冲的顾客，一部分酒店 OTA 客服人员可能会沉默不语，以免惹火烧身，导致事态进一步扩大。但这种做法是非常不明智的，酒店 OTA 客服人员沉默不语的行为只会让顾客更加气愤
让顾客冷静	当酒店 OTA 客服人员希望顾客冷静时，相当于暗指顾客现在处于不理智的状态，从而引发顾客不满

【用语示例】

1. 把错误揽到自己身上

错误示范：您搞错了／我刚才已经说得很明白了／您把我弄糊涂了。

正确示范：可能是我没有向您解释清楚，让您误解了／我们刚才的沟通可能存在误会／抱歉，我不太明白您刚才说的话，请您再解释一下好吗？

2. 不卑不亢，尊重对方的选择

错误示范：您应该／您需要／您不能……

正确示范：您看这样好吗……／我建议您可以……／您考虑一下这样行吗……／……当然这仅是我的一个建议，毕竟这件事情要由您做决定。

让顾客觉得"被重视"

对于重视自己的酒店，顾客也会报以重视。酒店 OTA 客服人员可以使用以下 3 种用语让顾客感受到酒店对他们的重视。

【用语示例】

① ×× 先生／女士，您是我们多年的老顾客了，请您放心……

② ×× 先生／女士，非常抱歉我们酒店未能提供让您满意的服务，我们酒店非常重视顾客的意见，我会立即将您的意见反馈给相关部门。

③ ×× 先生／女士，您这么熟悉我们的服务，肯定是我们的老顾客了，非常抱歉，我们出现了这样的错误，给您和您的同伴带来了不便，实在是万分抱歉。

H 让顾客感到舒适

酒店 OTA 客服人员如果能让顾客感到舒适，顾客会变得更加包容，为双方的有效沟通奠定良好的基础。为了让顾客感到舒适，酒店 OTA 客服人员可以采用以下技巧。

【用语示例】

① 给您带来麻烦了 / 麻烦您了。

② 您的建议很棒，我非常认同。

③ 出现这样的工作失误，给您造成不便，我们也感到非常羞愧。您刚才的建议我将及时反馈给相关部门的同事，接下来我们将尽可能避免出现类似错误，还请您监督我们。

④ 感谢您对我们酒店的支持，希望我们能有机会继续向您提供高水平的服务 / 您的建议将成为我们接下来的工作重点。

⑤ 谢谢您的反馈，我们酒店已经注意到这个问题，目前 ×× 部门的同事正在改进，预计到 × 月 × 日能够完全解决该问题。

⑥ 非常感谢您的宝贵意见，我为我们酒店有您这样的顾客感到自豪。

⑦ 有些宽容的顾客并不打算追究酒店相关人员的责任，此时，酒店 OTA 客服人员可以表示"谢谢您给予我们的理解与支持，我们将会引以为戒，不断提高我们的服务品质，绝不辜负您对我们的信任"。

H 学会委婉拒绝

顾客有时提出的诉求超出了酒店的承受范围，在这种情况下，酒店 OTA 客服人员要委婉拒绝。

【用语示例】

① ×× 先生 / 女士，我非常理解您的想法，但很抱歉，您的要求我们暂时无法满足，我会把您的情况及时反馈给领导，争取给您一个满意的答复，您看可以吗？

②××先生／女士，您是我们的贵宾，让您满意是我们的使命。您提出的建议确实有一定的道理，如果能做到我们一定会尽最大的努力，不能做到的地方还请您谅解。

③××先生／女士，非常感谢您对我们酒店××活动的关注，目前我们还没有收到有关通知，如果有消息我们会在第一时间公布，当然您也可以晚些再咨询我们。

④××先生／女士，感谢您为我们酒店提出的宝贵意见，我们会尽最大的努力解决这些问题，也希望您能继续监督我们的工作，非常感谢。

⑤××先生／女士，虽然目前我们酒店无法为您解决这个问题，但我向您承诺……

向顾客搜集信息

当收到顾客反馈的问题时，为了加快问题处理效率，酒店 OTA 客服人员要注意向顾客搜集信息。

【用语示例】

① 您方便向我详细介绍一下这件事情的具体情况吗？我将如实记录下来，便于我的同事为您解决问题，感谢您的配合。

② 非常抱歉，我们酒店给您带来了不便，还请您详细介绍一下事情经过，我马上记录下来，稍后给您一个满意的答复。

③ 这个问题很可能是我们的工作人员出现了失误，请您向我详细说明一下事情经过，我将立即向有关部门反馈。

④ 感谢您向我们反馈这个问题，请您向我说明一下事情经过好吗？我会把它记录下来反馈给相关部门。请放心，我们一定给您一个让您满意的处理结果。

第四部分

营销变革：酒店引流与转化实战

第 12 章
酒店抖音营销与运营攻略

视频拍摄：打造爆款短视频

信息爆炸时代，企业靠传统的营销模式已经很难在市场上立足。对于酒店行业而言，如何通过互联网提高自身的曝光率，再将其转化为广泛传播的良好口碑，这是需要所有酒店从业者共同思考的问题。抖音作为家喻户晓的超级流量平台，不失为一个很好的互联网营销工具。

抖音的核心功能是短视频制作与分享。因此，酒店想要通过抖音提高自身的曝光率，必须创作和输出优质的视频内容。酒店短视频运营人员要具备良好的专业素质，不仅要明确短视频创作的目的是提高酒店的曝光率，还要在此基础上为短视频增添一些内涵与情感。这就需要将剧本创作、取景、拍摄技术、剪辑要求、特效制作等融会贯通。

那么，酒店如何才能制作出高质量的短视频作品呢？下面我们从内容制作的角度来介绍一些简单实用的抖音短视频拍摄思路与方法。抖音短视频拍摄思路与方法如图 12-1 所示。

1.明确短视频内容的核心主题

绝大多数抖音短视频的时长在 15 秒以内，想要在如此短的时间里向受众清晰明确地传达一些特定信息并非易事。在开始制作短视频之前，酒店短视频运营人员首先要明确短视频想要表达的核心主题。

图 12-1　抖音短视频拍摄思路与方法

2.确保短视频风格和抖音账号风格、调性相一致

为了实现和竞争对手的差异化，打造人格化形象，酒店短视频运营人员需要对短视频的风格进行把控，确保其与抖音账号风格、调性相一致。

3.掌握一定的拍摄技巧

抖音短视频的拍摄技巧见表 12-1。

表12-1　抖音短视频的拍摄技巧

拍摄技巧	具体操作
确保时刻对焦	主要从控制呼吸与姿势、借用外部支撑来避免手抖。在拍摄短视频的过程中，拍摄人员的呼吸要尽可能平缓，选择较为舒适的姿势等，这需要拍摄人员在日常工作中多加练习。外部支撑则以使用独脚架、三脚架等支撑架为主
正确选择文件格式	例如，用手机拍摄短视频时，为了提高画面质量，可以选择最高清的画质进行拍摄。手机支持的短视频常见的拍摄分辨率有 720P（1280×720 像素）、960P（1280×960 像素）、1080 P（1920×1080 像素）等，一部分手机系统为了优化存储空间，会将默认格式设置为中等分辨率。在这种情况下，想要拍出高清晰度的短视频，需要拍摄人员手动调整。当然，单反相机等专业拍摄设备可以支持 2K、4K 等更高的分辨率
巧借反色差	反色差是抖音上非常流行的一种拍摄方法，它能增强画面意境，提高视觉冲击力。苹果手机自带反色差滤镜，其他手机用户可以使用激萌相机等软件进行反色差拍摄
逆光	逆光拍摄时，被拍摄主体位于光源和照相机之间，可能会造成被拍摄主体曝光不充分等问题，但利用逆光拍摄可以鲜明地展现物体轮廓，呈现出较好的艺术效果
长曝光	长曝光尤其适合夜景拍摄，可以让画面富有节奏感，不过长曝光要求镜头稳定，往往需要使用外部支撑

4. 优化呈现效果

呈现效果受短视频制作设备性能、短视频质量、后期加工编辑等多种因素影响。

在拍摄设备方面，制作抖音短视频的拍摄设备多元化，手机、单反相机、微单、迷你摄像机、专业摄像机等都可以用于抖音短视频的拍摄。其中，手机价格较低，尤其适合个人自媒体，不过其拍摄效果和单反相机、专业摄像机等专业拍摄设备存在一定差距，有实力的酒店不妨购置专业拍摄设备，可以省去很多后期加工工作。

在短视频质量方面，提高短视频质量基本的方法就是保证短视频的清晰度，视频帧率、流畅性、无第三方水印和遮挡物等也非常关键。以视频帧率为例，科学研究表明，当画面高于 16 帧 / 秒时，人们就会认为视频的连贯性比较好。因此，抖音短视频的画面最好保持在 16 帧 / 秒以上。

在后期加工编辑方面，短视频的加工编辑涉及镜头连接、添加标题、过渡效果、背景音乐、特定画面加工（调整色彩、亮度等）等内容。

引爆传播：精细化运营实战

酒店在抖音平台开展营销活动，如果想要"引爆"传播，必须开展精细化运营。酒店抖音流量运营技巧如图 12-2 所示。

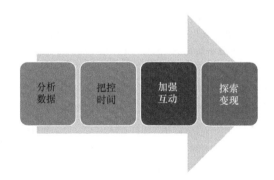

图 12-2　酒店抖音流量运营技巧

分析数据

想要在抖音平台运营新项目，酒店必须做好数据分析。从用户角度看，不同用户的性别、年龄分布、个人偏好不同，如果酒店能够对这些数据进行全面整理与分析，就能总结出哪些内容更受用户欢迎。酒店可以以此为基础明确自身定位，经过一段时间的运营后完成粉丝积累。

在明确自身定位后，酒店接下来要做的就是对同类账号进行分析，包括这类账号发布的内容类型、吸引粉丝关注的原因、留住粉丝的方式、在原有基础上扩大传播范围的措施等。

短视频内容的"走红"存在一定的偶然性，但很多爆款短视频存在一些共性。以某美食类抖音号为例，该账号对同类账号及其用户群体进行分析后发现这些账号的受众以年轻人为主，用户本身厨艺不佳，但希望能够学会做饭。对于这类用户来说外观精致、操作简单、适合其口味的菜品更受青睐。

在得出这一结论之后，该账号选择了那些食材常见、所需厨具普通、操作简单的菜品，以短视频的形式将菜品制作流程在抖音平台发布出来。因为经过数据分析，所以账号发布的内容十分贴近用户需求，在抖音平台实现了广泛传播。

把控时间

除了内容、画面之外，短视频运营人员还要注意把控短视频的上传时间。例如，在完成短视频拍摄后，在哪个时间段上传短视频更容易获得用户关注呢？答案并不唯一，因为不同的时间段会有不同的用户观看内容，酒店短视频运营人员应该根据自身用户群体的观看习惯进行选择。如果酒店在固定时间发布短视频，粉丝（用户）就会在固定时间观看，通过这种方式可以培养用户的观看习惯。无论如何，酒店抖音账号在进行内容运营的同时，要注重粉丝（用户）运营，只有得到粉丝支持，才能实现持续运营与发展。

加强互动

酒店可以通过私信或者回复评论的方式与粉丝互动，或者在抖音之外利用第三方平台与粉丝交流，对粉丝进行管理。酒店的抖音账号想要实现持续发展，一定不能忽视粉丝运营。只有增强粉丝（用户）的黏性，账号才能在发布短视频之后获得足够的流量。例如，不少酒店的抖音账号都建立了自己的粉丝群，在发布新内容之后，运营人员会在粉丝群广而告之，号召粉丝前去支持，鼓励粉丝参与评论，并积极与粉丝互动沟通，通过分发小礼物获得粉丝的进一步支持。

探索变现

企业在抖音平台开展内容运营的最终目的之一就是变现。抖音的变现方式具有多元化的特点，酒店应该在这方面进行积极探索。例如，酒店抖音账号可以通过广告的方式变现，但并非所有的抖音账号都能与广告主达成合作。除了承接广告之外，酒店抖音账号也可以利用抖音的电商功能，即抖音推出的购物车功能完成变现。此外，酒店也可以将自己的淘宝店铺与抖音账号连通，或者与其他商铺合作，引导粉丝前往店铺购买商品，从中获取佣金。酒店抖音账号还可以利用自己的 IP 形象，通过开发并出售衍生产品完成变现。

吸粉引流：低成本、高曝光

从抖音的自有流量运营机制出发

无论是在哪个流量平台，短视频运营人员都应该熟悉平台的运营机制，掌握内容运营和流量转化的基本逻辑。用户在抖音平台观看短视频的入口有两个：推荐和附近。一般来讲，酒店短视频运营人员上传短视频后，抖音平台会先将短视频推荐给附近的用户，根据这些用户的完播率、点赞量等数据的多少确定是否向更多的用户推荐。如果数据表现良好，抖音平台便将其投放至更大的流量池，反之则不推荐。

借势热门话题或节点

热门话题或节点的优势在于容易引起用户关注，获得用户关注后，营销活动更容易成功。抖音官方会在平台推出各种挑战活动来提高用户的活跃度，延长用户的停留时间。因为有抖音平台的大力支持，用户参与这类活动的积极性会非常高，短视频运营人员可以借此创作一些相关内容获得更大的曝光量。

例如，在 2019 年春节期间，抖音推出了"拜个抖音年"的话题活动，截至 2019 年 3 月 6 日，该话题相关短视频累计播放量达到 149.6 亿人次。多个品牌商通过参与该活动，将自身产品与品牌植入拜年短视频，获得了极大的曝光。

制造话题，发起挑战活动

酒店在上线新产品或开展营销活动时对流量的需求尤为迫切，为了更好地控制成本，抖音这个新晋流量平台是最好的选择之一。不过，酒店想要在抖音平台实现内容的广泛传播，短视频运营人员必须善于制造话题，引导抖音用户广泛参与。其中，和抖音达人合作制造话题可以获得极好的效果，但这种方式的成本较高。对于中小品牌商而言，较为可行的制造话题的方式是发起话题挑战活动。为了吸引顾客参与，活动要有所创新，并且要提供一定的物质奖励。

紧跟平台节奏，布局抖音店铺

酒店通过内容运营曝光产品和品牌后还应该打通转化通道，以便更高效地完成流量变现。目前，抖音正在发力电商业务，符合条件的账号可以申请开设抖音店铺。电商是抖音未来进行流量变现的主要方式之一，抖音官方对此非常重视。因此，酒店可以抓住这一机遇，在账号运营方面及时调整，为打通转化通道奠定良好的基础。

对于刚刚开始布局抖音店铺的酒店来说，初期的重点工作并非盲目追求实现营销目标，而是应该了解平台的规则，绘制目标用户画像，确定合理的内容运营策略。为了降低试错成本，酒店运营人员可以先在小范围内进行内容测试，在这个过程中，运营团队也能得到磨合。

营销转化：轻松玩转抖音 POI

抖音企业号于 2018 年 6 月 1 日正式上线。抖音企业号就是抖音应企业诉求为他们提供企业认证（抖音蓝 V），然后企业以官方的名义正式入驻抖音平台，借助抖音开展内容营销。为了方便企业的营销转化，抖音企业号推出了一项新功能——POI 管理。

POI 是英文 Point Of Interest 的缩写形式，意思就是"兴趣点"。需要注意的是，这里的"兴趣点"并不是字面上的意思，而是指关键信息，例如某酒店在申请到抖音蓝 V 和 POI 功能后，会将自己的地理位置及营业时间、产品信息、专属活动等关键性信息直观地展示到详情页上。有了这些关键信息，顾客可以在很短的时间内对这家酒店做出大致判断，从而决定是否入住。因此，如果企业能将 POI 功能充分利用，就可以吸引大量顾客。

那么，酒店应该如何利用 POI 功能实现营销转化呢？

POI +"DOU+"：精准定位目标顾客

"DOU+"是为抖音提供的视频"加热"工具，能有效提升视频播放量与互动量。基于部分抖音用户的短视频偏好，POI 搭配"DOU+"可以将酒店及酒店产品推广给这部分顾客，实现精准投放。因为推送的产品符合这部分顾客的消费偏好，所以这种方式能够有效提高他们前来消费的概率。下面以西双版纳花漾庭院精品客栈为例说明这种营销方式的优势。

西双版纳花漾庭院精品客栈在接触抖音运营之前只是当地一家普通客栈，顾客资源少，线上曝光率低。后来该客栈利用抖音企业号注册了蓝 V，结合 POI 和"DOU+"功能，吸引了大量顾客前来消费。

刚开始，该客栈的短视频内容以记录萌宠的日常生活为主，同时利用POI功能将自己客栈的相关信息发布到抖音账号详情页，成功地吸引了一部分喜欢宠物的顾客。为了获得更多的曝光，该客栈还使用了"DOU+"功能，将有趣的短视频定向推荐给更多对此感兴趣的顾客，这样的精准投放吸引了很多潜在顾客。根据相关数据，"DOU+"功能为西双版纳花漾庭院精品客栈吸引到了占总数23%的粉丝群体，粉丝点赞量占全部点赞量的25%。现在，该客栈已经成为当地一处网红打卡胜地。西双版纳花漾庭院精品客栈抖音主页如图12-3所示。

后来，为了进一步加强与粉丝（用户）的互动，该客栈通过举办优惠活动的方式，引导顾客用抖音帮助自己进行宣传。到店消费的顾客只要在抖音上发送一条带有客栈信息的短视频且点赞量达到50，就可以享受一定程度的房费优惠。这种方式一方面提升了顾客和抖音用户对客栈的好感度与关注度，另一方面使客栈得到了更多的曝光，实现了大范围的口碑传播。

图12-3 西双版纳花漾庭院精品客栈抖音主页

POI + 话题：利用话题挑战"引爆"POI内容池

话题度与可讨论性较高的酒店品牌可以利用"POI+话题"的方式获得更高的曝光率，保证营销转化效果。酒店可以根据产品的相关特性或关键词发起话题，例如"客栈""酒店""美食""景区"等，引导顾客参与讨论。顾客在查看或参与这些话题讨论时，自然就会看到酒店的POI信息，从而提高酒店的曝光率。抖音搜索话题——"民宿"如图12-4所示。

图 12-4　抖音搜索话题——"民宿"

顾客在参与话题讨论并看到酒店的 POI 信息之后，如果希望深入了解，就可以直接拨打电话咨询，因为酒店电话及地址都会直接显示出来。同时，酒店在线下还要加强与顾客的互动，通过活动鼓励这些顾客在自己的抖音账号或其他社交平台发布与酒店有关的内容，这样就可以扩大 POI 内容流量，使话题讨论量和酒店曝光率得到进一步提高。

POI ＋卡券：让顾客产生消费闭环

POI＋卡券的组合实际上是一种商家优惠活动宣传与执行的营销模式。卡券玩法多种多样，酒店可以根据自身发展情况实施具体操作。如果酒店线上曝光率高，可以用 POI＋卡券的方式将潜在顾客吸引到线下消费；如果酒店的线下产品和服务质量不错，可以鼓励顾客以 POI 分享＋卡券的方式进行线上宣传。

酒店利用 POI＋卡券的方式吸引顾客到线下消费，可以在 POI 详情页设置电子优惠券。顾客点击详情页就可以自动领取优惠券，这是一种成本较低的流量转化方式，可以将线上顾客转化为线下的实际顾客。

第 13 章
酒店微信公众号营销攻略

酒店微信公众号基础运营操作

目前，微信几乎已经成为一个"国民性"的社交软件，其子产品——微信公众号的影响力不容小觑。很多企业早就意识到这个问题，纷纷注册了自己的微信公众号，部分大型企业还根据各部门不同的职能创建了多个微信公众号。

相较于其他行业的企业微信公众号来说，酒店微信公众号的运营难度更大。主要是因为酒店微信公众号发布的内容较为单一，多为酒店的相关信息、促销活动等，可读性较差。对于一般的微信用户来说，这类内容就没有太大的吸引力。因此，酒店管理者有必要了解和学习酒店微信公众号运营的方式方法。下面对酒店微信公众号的运营技巧进行详细介绍。

酒店微信公众号的基本设置

酒店微信公众号的基本设置主要涉及以下元素：头像、昵称、微信号、公众号简介、订购电话、酒店地址、客服电话、关键词回复、菜单栏。

1.头像、昵称、微信号

大多数酒店通常将企业 Logo 设置为头像，将酒店全称设置为微信昵称。如果微信公众号的主体是一家连锁酒店集团的分店，那么微信公众号的昵称应该明确特定标识、具体地理位置等信息。汉庭酒店分店的微信昵称如图 13-1 所示。而微信号可以采用酒店的拼音简写，应当尽可能简洁，便于顾客搜索关注。

2. 公众号简介的设置

在"公众号简介"版块，酒店可以将主营业务以言简意赅的方式呈现出来，例如企业介绍、订房电话、酒店地址、客服电话等，以便顾客搜索与咨询。华住会的微信公众号简介如图 13-2 所示。

图 13-1　汉庭酒店分店的微信昵称　　　　**图 13-2　华住会的微信公众号简介**

3. 自动回复的设置技巧

酒店微信公众号的"自动回复"设置，主要包括两个方面。

被添加自动回复：当顾客关注酒店微信公众号以后，公众号界面会自动给顾客发送酒店设置的文字／语音／图片／视频。在"被添加自动回复"这一版块，酒店可以介绍自己提供的产品或服务。"被添加自动回复"页面如图 13-3 所示。

关键词自动回复：当顾客发送关键词时，系统会自动回复。在"关键词自动回复"这一版块，企业需要明确顾客的核心需求，以确保顾客发送关键词以后能够得到精准的解答。"关键词自动回复"页面如图 13-4 所示。

图 13-3 "被添加自动回复"页面   图 13-4 "关键词自动回复"页面

4. 菜单栏的设置

酒店需要围绕自身定位和顾客需求设置微信公众号菜单栏。例如，酒店可以设置线上订房、旅游咨询、网络客服、优惠信息等功能。为了调动顾客的积极性，必须确保菜单栏的功能设置符合顾客需求，能够体现其价值。三亚海棠湾君悦酒店微信公众号菜单栏设置如图 13-5 所示。

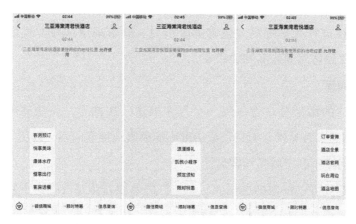

图 13-5 三亚海棠湾君悦酒店微信公众号菜单栏设置

⊞ 内容运营与推送技巧

酒店微信公众号的推送内容主要包括文字、图片、语音、视频等。一些酒店在微信公众号频繁推送企业的动态信息，例如酒店参与评奖活动、获奖情况等，将公众号作为发稿平台，在一定程度上给顾客造成了困扰。

互动性是微信的核心属性，酒店推送的动态信息无法吸引微信公众号用户的注意力，顾客在意的是自己能否从平台上获取价值。如果酒店将微信公众号视为发稿器，那么很容易面临顾客严重流失的问题。酒店可以将线下活动与线上内容运营结合起来，在激发顾客积极性的同时，达到活动内容推广的目的。

酒店微信公众号可以参照顾客定位，输出知识性内容，既体现出平台运营的人性化特征，又能满足顾客的实际需求。

1. 推送内容建议

- 酒店当下的优惠信息及促销内容。
- 顾客的好评及与酒店的互动。
- 最新热点时事。
- 酒店当前的动态（酒店可以一次性推送 2～5 条信息）。

2. 优化推送内容

酒店微信公众号的推送内容可靠近热点时事，特别是网络热点，灵活运用网络语言，以流行元素提高对顾客的吸引力。酒店采用这种方式推广酒店信息，能够加深顾客对酒店品牌的印象。

3. 推送频率

有些酒店的微信公众号每隔一个月才推送一次内容，无法体现其"存在感"，无法增强顾客黏性。当然，酒店也不能频繁地推送内容，以免让顾客产生排斥心理，同样不利于增强顾客黏性。

微信服务号可以每周推送一次。微信订阅号要避免每天推送重复的内容，推送频率以每周 2～3 次为宜，即便内容不变，也要调整一下标题和封面。

H 顾客运营

酒店可以利用微信群、线上平台的提问功能，或者组织线下活动与顾客进行互动。在互动过程中，客服要及时回复顾客信息，明确顾客的互动渠道来源，为后续运营打下良好的基础。

从顾客的角度来看，微信公众号提供的服务必须满足其需求，如果顾客提出的问题无法通过微信公众号的自动回复功能解决，就应该转为人工服务。

如果酒店微信公众号致力于输出原创内容，应该时刻留意顾客留言，将顾客留言融入内容，并就留言内容与顾客进行互动，让其感受到酒店微信公众号的温度。

酒店可以创建一个具有人格化特征的虚拟形象。例如，7天酒店推出了"小7"，布丁酒店推出了"阿布"，这些虚拟形象与顾客沟通互动，可以拉近彼此之间的距离，进一步提升顾客体验。

H 推广技巧

酒店通过微信公众号开展推广活动可以采用以下技巧。酒店微信公众号推广技巧见表13-1。

表13-1　酒店微信公众号推广技巧

推广技巧	具体做法
活动	与线下活动相结合推出线上活动。这种活动方式比较简单，取得的效果也比较理想，具体包括扫码关注赠送礼品、扫码享受优惠等
互推	与相关行业的企业合作，相互推广。酒店可以与旅行社、线上旅游平台合作，绕开与同类企业的竞争
短信	在顾客生日或活动期间发送短信问候，从细节方面体现酒店人性化的服务
OTA 回复	针对不少顾客通过网络渠道订房的情况，酒店可以将微信公众号信息添加到点评回复中，达到推广目的
全员营销	酒店可以发动员工，鼓励他们将微信公众号发布的文章转发到朋友圈，实现大范围的传播与推广

酒店公众号引流技巧

个人微信号引流

个人微信号可以添加的好友上限为 5000 人，这就意味着更新的朋友圈内容可以同时被几千人看到。除此之外，微信还有摇一摇、附近的人、添加 QQ 好友等功能，在一定程度上提高了这一上限。如果酒店可以发动员工利用个人微信号进行宣传，就能为酒店微信公众号带来源源不断的流量。

官方网站引流

前面提到，酒店可以利用物联网信息技术建立自己的门户网站，将酒店微信公众号信息（例如二维码图片）放入酒店官方网站中，吸引顾客关注。

微博引流

酒店注册官方微博，有条件的酒店还可以申请微博蓝 V 或金 V 认证。微博是一个开放式的社交平台，即使顾客没有关注酒店微博账号，也可能看到酒店微博账号发布的内容，这一点与微信公众号不同。除此之外，酒店还可以在微博平台开展付费推广，为微信公众号引流。

根据新浪微博发布的 2019 年年度财报，微博日平均活跃用户为 2.16 亿。早在微信公众号出现之前，微博已经是国内主要的社交媒体平台之一，拥有巨大的引流潜力。酒店可以申请与微信公众号同名的官方微博，坚持每天更新，抛出各种社会热点话题吸引用户参与讨论。利用微博引流，一方面可以提高酒店微信公众号的关注度，另一方面可以打造一个新的宣传平台。酒店通过有意识地运营微博，可以将其打造成和微信公众号拥有相同效力的引流工具。如家酒店微博活动宣传情况如图 13-6 所示。

图 13-6　如家酒店微博活动宣传情况

QQ群、QQ空间引流

在微信出现之前，腾讯 QQ 在社交平台中具有很重要的地位，其用户规模巨大，几乎涵盖了所有的年轻人。即便后来微信逐渐转移走一部分 QQ 用户，但经过长年积累，QQ 的用户规模仍然庞大。酒店可以注册 QQ 企业号或个人号，利用 QQ 空间或 QQ 群发布一些与酒店微信公众号有关的信息。为了不引起用户的反感，酒店可以适当地为用户提供一些福利。除此之外，酒店还可以利用 QQ 邮箱推广自己的微信公众号。

百度系产品引流

百度有一系列具备宣传作用的产品，例如百度贴吧、百度百科、百度文库、百度经验、百度知道等。这几类产品中引流效果最好的当属百度贴吧。酒店可以作为贴吧吧主创建自己的"吧"，然后发布一些有趣的、与酒店相关的内容，吸引用户前来讨论。另外，酒店使用百度文库和百度经验也可以达到这种效果，在为用户提供一定的资源或回答用户提问的同时，可以附上酒店微信公众号的相关信息。如家快捷酒店百度贴吧话题引流如图 13-7 所示。

图 13-7　如家快捷酒店百度贴吧话题引流

论坛公众号引流

论坛分为地方论坛、行业论坛、门户论坛、兴趣论坛等不同类型，这些论坛每天的流量很大，酒店可以利用这些渠道推广微信公众号。

分类信息网站引流

分类信息网站可以为人们提供极大的便利，很多人在找工作、租房、买卖二手物品时都会利用这类网站，例如 58 同城、赶集网等。目前，国内大多数酒店都入驻了这两个网站。酒店可以在这些网站平台上发布微信公众号的相关信息，长期坚持，必然能起到很好的引流效果。

自媒体联盟引流

对于酒店来说，酒店微信公众号就是一个自媒体。因此，酒店在经营微信公众号时，除了需要借鉴自媒体的运营手段，还需要重视自媒体联盟的作用，抱团取暖，获得良好的引流效果。

软文宣传引流

酒店可以根据自身的特色撰写软文，软文要具备一定的趣味性和可阅读性，同时还要不断打磨文章标题。酒店微信公众号运营人员在撰写软文时最好穿插一些图片，可以是实拍图，也可以是卡通漫画，用以吸引用户持续阅读。最重要的是，软文的中间或最后要插入微信公众号的二维码。软文撰写完成后，再将它们投放到上述流量平台，或投放到一些自媒体平台中（例如"酒店内参"），达到引流目的。

微信第三方的应用引流

微信有许多饶有趣味的第三方应用，例如摇一摇、幸运大转盘、刮刮卡、分享助力、幸运九宫格、砸金蛋、水果机、微信有奖、一站到底等。这些应用和小程序有很强的互动性，通过互动吸引到的用户一般不会取消关注，用户群体比较稳定。

酒店公众号营销实战技巧

体验式营销

体验式营销侧重顾客体验，良好的体验可以让顾客更好地认可酒店的产品和服务。因此，酒店可以通过带给顾客良好消费体验的方式，满足顾客的消费需求。具体来看，酒店想要采用体验式营销，一般会涉及以下 6 项工作。

- 酒店首先将自己的产品和服务完美地展现到微信公众号上，然后利用特色产品（例如特色餐饮）或优惠活动吸引顾客，鼓励和引导顾客关注微信公众号。顾客关注微信公众号之后就可以看到酒店推送的优质内容。酒店还可以通过微信公众号举办优惠活动，例如微信抽奖等，进一步激发顾客的消费热情。

- 顾客在利用微信公众号预订客房时，酒店可以在微信公众号中提供出行导航、路线规划等服务，还可以推出 VR 实景看房服务，让顾客在获得便捷服务的同时对酒店的真实状况有一个更加清晰具体的认识。

- 对于通过微信公众号预订或购买酒店产品和服务的顾客，酒店要根据大数据分析为其提供相应的服务。如果是新顾客，酒店可以通过微信公众号的自主引导功能为顾客提供精准服务；如果是老顾客，酒店需要通过微信公众号来调整或暂时隐藏自主引导功能，直接为其安排最佳的服务方案。

- 对于已经预订或购买了酒店产品与服务的顾客，酒店可以引导其关注酒店的微信公众号，告知顾客在微信公众号上查询所需服务、获得自助服务，以及体验更优质的服务。对于酒店来说，这种做法有利于简化服务流程、提高工作效率、降低人力成本。另外，酒店还需要借助微信公众号搜集和记录顾客的反馈信息，以便在下次为顾客提供更有个性化的服务。如果顾客对酒店产品或服务感到不满意，可以通过微信公众号平台进行反馈和投诉，后台运营人员会及时做出处理并给出答复。

- 发挥微信公众号的作用，充实和完善酒店的服务内容。酒店可以考虑利用微信商城建立一个以体验为主的电商平台，支持顾客通过微信商城预订和购买酒店产品，满足消费需求。

- 微信公众号平台除了可以在预订和购买阶段发挥作用之外，还可以在顾客办理入住手续和退房手续时提供很大的便利。顾客利用微信公众号可以在线上完成查房、退房、退押金等活动，不需要再去酒店前台办理相关手续，享受到极大的便利。

红包营销

微信红包的流通过程具有便捷、高效的特征，用户可以随意设置金额，与朋友一起进行"抢红包大战"，具有一定的趣味性。酒店利用微信红包开展营销活动的注意事项如图 13-8 所示。

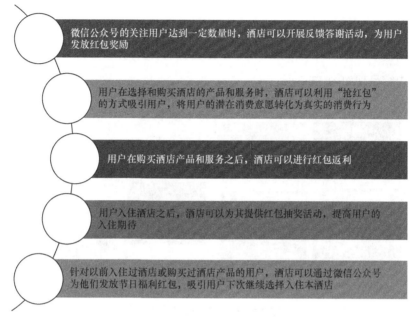

图 13-8　酒店利用微信红包开展营销活动的注意事项

H 突出人性化特征

微信营销是否成功与酒店微信公众号的粉丝数量多少直接挂钩。酒店微信运营的一个主要任务就是想方设法地提高粉丝数量，达到引流目的。酒店微信公众号的设计不能过于机械化和程序化，要注意做好人文关怀，即突出人性化特征。酒店要站在顾客立场、从顾客角度出发，为他们提供可以满足其需求的信息。微信公众号的设计也要注意审美，不能太过拘谨，要将对美观的追求和信息的真实性结合起来。

与酒店产品的市场定位一样，酒店微信公众号的设计也要找到自己的定位。目前，大多数酒店微信公众号的界面设计大同小异，不能直观地体现自己的特色，而且内容推送形式单一，容易使顾客产生审美疲劳。因此，酒店微信公众号要在保证基本信息真实完善的基础上，将自身的个性化特征以各种形式展示出来，例如界面的美观设计、周边景区的信息、用户活动等，还要发挥想象力，丰富信息推送的形式和内容，例如以文字、图片、视频相结合的方式推送信息，推送的信息可以涵盖趣味故事、吉祥物设计、热点问题探讨等领域。在这种情况下，微信公众号会对用户产生更强的吸引力。"首旅如家"公众号多元化的内容呈现如图 13-9 所示。

图 13-9　"首旅如家"公众号多元化的内容呈现

总之，微信公众号已经成为大多数企业提升自身知名度、推广产品的重要媒介和工具，酒店要充分认识它的重要性，并积极利用微信公众号的引流功能为自己争取更多的顾客资源。虽然微信公众号存在一些不足，但它的正向作用远远大于反向不足。酒店要想利用互联网来拓展顾客资源，就不得不接触这一营销媒介。因此，酒店要尽快对微信公众号形成一个准确的认知，建立一支专业化的运营团队，以专业化的微信营销方式增加顾客资源、拓宽销售渠道，从整体上改善酒店的营销效果。

第 14 章
酒店微信小程序营销攻略

微信小程序赋能酒店商家

随着人们生活水平的不断提升，出门旅游成为一种时尚，这使人们住酒店的需求愈发旺盛。在节假日等旅游高峰期，预订酒店尤为重要。此前，人们主要通过电话、酒店官网、在线旅游 App 等渠道预订酒店，会经常遇到各种问题。例如，通过酒店官网预订的顾客会发现官网信息已经很久没有更新，无法安心下单；通过第三方平台预订的顾客则要经过注册、验证、下单等流程……

酒店微信小程序减少了这些烦琐的步骤，为顾客预订酒店或购买酒店产品提供了极大的便利。酒店微信小程序是一个依托于微信平台，集订房、购买酒店服务于一体的酒店商城小程序。酒店微信小程序与微信公众号一样，具有提高酒店曝光率的作用。在全民都使用微信的大环境下，顾客通过酒店的微信小程序订房，只需要借助已有的微信账号就可以完成整个操作，在吸引顾客、获取顾客资源、增加盈利、树立企业形象方面具有显著的作用。

▣ 微信小程序赋能酒店行业

在互联网飞速发展时代，大部分企业将业务发展到线上，酒店行业也不例外。在此趋势下，酒店要将单纯的线下营销模式转变为线下线上相结合的营

171

销模式。微信小程序就为酒店提供了一条新的线上发展渠道。通过微信小程序的"附近"和"搜索"功能，酒店可以让顾客快速获取酒店的相关信息。对于酒店来说，微信小程序一方面迎合了开发者的需求，另一方面促进了平台型模式的发展，切实满足了酒店的多元化发展需求。具体来看，微信小程序对酒店的赋能主要体现在以下 5 个方面。

1.多流量入口

对于酒店行业来说，引流是重中之重，微信小程序多流量入口的开放，尤其是"附近的小程序"可以帮助酒店获得大量顾客流量。

2.更多个性化服务

微信小程序可以提升顾客的满意度和对酒店的信任度，帮助酒店推出自己的个性化服务，从而留住更多顾客。酒店小程序可以在服务标准化的基础上做好个性化服务，满足顾客对酒店服务的个性化需求。酒店小程序中的预订房间等功能，可以帮助酒店获得更好的服务效果。

3.线上线下有效互通

微信小程序重点反哺线下营销，酒店通过微信小程序可以实现线上线下引流，将线上流量引至实体门店。顾客实际体验过服务之后又可以通过小程序的分享功能赋能线上预订，实现线上线下流量互通。

4.顾客数据分析

酒店可以通过微信小程序建立专属数据库，获得更多顾客的需求信息，然后根据顾客的需求、喜好为其提供更贴心的服务，提升顾客满意度，获得更多流量，实现更广泛的口碑传播。另外，酒店还可以利用微信小程序向顾客定期推送促销信息，利用这种无形的营销方式为酒店带来无限商机。

5.凸显酒店的主题或特色

酒店可以根据企业的独特定位与优势设计微信小程序，用于展示酒店的产品与服务，例如餐饮、菜单、生活用品、零食、饮料等，还可以展示酒店周边的餐厅、娱乐场所、特色景区等。精美的图文再辅以免费试用、特价促销等活动，能很好地提高酒店的曝光率与顾客转化率，提高客房的平均消费水平。

酒店小程序的功能

酒店小程序的功能见表 14-1。

表14-1　酒店小程序的功能

功能	具体描述
一键查找附近酒店	只要给予酒店微信小程序一定的定位权限，顾客就可以随时随地查看附近的酒店。对于那些对当地不熟悉的出差者、旅行者来说，这一功能为其提供了极大的便利
酒店介绍	酒店可以利用微信小程序向顾客介绍酒店的设计理念、战略规划、组织结构、大事记等，让顾客对酒店产生更系统、更全面的认识，在顾客心中树立良好的形象，为酒店营销获客奠定坚实的基础
客房预订	酒店微信小程序核心的功能就是在线预订酒店客房。顾客可以通过查看微信小程序提供的客房信息（例如房型、配置、余量等），根据自己的实际需求直接下单预订房间。除去顾客思考纠结的时间，整个流程只需要一分钟左右，极为方便
在线支付	在线支付功能与客房预订功能结合得非常紧密，顾客通过微信小程序下单预订客房之后，可以同时在线支付定金或房费。另外，支付方式多种多样，顾客可以选择适合自己的方式进行支付
订单管理	顾客在正式入住酒店之前可能遭遇一些变数，因为某些因素需要退房或改签。遇到这种情况，顾客只需要进入订单详情页面就可以进行退订或修改入住时间等操作
在线咨询	酒店可以通过微信小程序为顾客提供线上咨询服务，方便顾客了解客房价格、交通路线、周边生活配套设施、旅游景点、增值服务等信息
位置导航	酒店可以利用微信小程序为顾客提供位置导航服务，例如向顾客展示酒店的具体位置、各地区门店分布情况等，为顾客提供导航服务，这对于增加酒店订单量有很好的效果
评价系统	顾客退房后，可以通过微信小程序对酒店和酒店服务进行评价，帮助酒店改进服务
品牌建设	品牌建设是酒店经营的重要一环。酒店可以通过微信小程序向顾客分享品牌故事、品牌价值观等，从而推动酒店品牌建设，提高酒店软实力

酒店小程序开发实战技巧

扎根于微信平台的微信小程序在流量方面具有先天优势，特别是近两年，微信团队持续加强对微信小程序功能的迭代升级，使微信小程序拥有了更广阔的发展空间。从本质上看，酒店小程序属于生活工具类应用小程序，这决定了它很容易被大众接受。那么，酒店应该如何开发小程序呢？

制作酒店小程序

酒店制作小程序时，需要找到掌握 WXML（WeiXin Markup Language）、

WXSS（WeiXin Style Sheets）、JavaScript、服务器语言、数据库语言等知识与技术的专业人才团队。对于绝大多数酒店来说，与专业负责微信小程序开发及维护的第三方服务商合作，是更合理的选择。

在酒店小程序有了基本框架后，酒店要为其填充一定的内容。在这个过程中，酒店要注意确保用户界面简洁与便利，同时为顾客提供差异化的内容，以便更好地留住目标顾客。

酒店小程序核心功能

目前，酒店小程序的核心功能包括以下两个。

1.订房

订房是顾客使用酒店小程序的普遍需求。通常情况下，顾客通过酒店小程序订房的流程如图 14-1 所示。

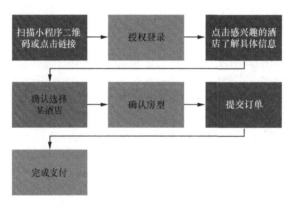

图 14-1　顾客通过酒店小程序订房的流程

这个流程与使用 OTA、酒店官方网站等渠道预订酒店没有明显差异，不过使用酒店小程序订房的优势在于微信自带用户账号和相关信息，免除了顾客手动输入信息的过程，而且酒店小程序功能简捷，顾客体验更为顺畅，可以降低订房的时间成本。

2.商城

商城集合了酒店的多种产品与增值服务，支持用户一键下单购买，支持用户使用优惠券、积分等进行消费，这既可以满足用户的多元化需求，又能够增加酒店营收。

基于酒店小程序的顾客管理

为了增加客源，提高客单价，酒店建立顾客管理体系是很有必要的。传统酒店的顾客管理体系主要是会员体系，即顾客凭借会员卡消费，每次消费可以积累一定的积分，积分可以用于兑换礼品或者抵扣房费。但顾客想要成为酒店会员，需要在酒店前台办理会员卡，顾客不仅要支付办卡成本，而且每次在酒店消费时还要随身携带会员卡。

使用酒店微信小程序，顾客的相关账户信息可以作为会员凭证，无须在酒店前台办理会员卡，更不需要随身携带会员卡。顾客只需要登录酒店小程序就能享受会员的积分功能、优惠券等权益，这使顾客体验得以大幅提升。

此外，目前微信小程序支持蓝牙应用程序编程接口（Application Programming Interface，API），酒店小程序的应用场景也因此得到进一步的拓展。举个例子，在传统的服务模式下，顾客需要在酒店前台登记并领取房卡后才能使用客房服务，而接入微信小程序之后，顾客可以使用手机的蓝牙功能与客房控制系统交互，从而直接打开房门，获得客房使用权限，享受更便捷、更流畅的入住体验。

酒店小程序运营实战技巧

通过一个刚需锁定顾客

酒店锁定顾客的方式非常多，例如推行会员制、办理会员卡、关注微信公众号等。但大部分顾客对这些锁定方式有了"免疫力"，无论酒店如何努力都很难打动顾客。微信小程序则不然，它具有很多上述锁定方式没有的优点。

- 微信小程序没有关注功能，可以在很大程度上消除顾客的防备心理。
- 微信小程序在微信搜索中所占权重非常高，相关名称排在前列。
- 微信小程序可以获得用户的手机号码。
- 使用过的微信小程序非常容易被找到。

改变顾客下单习惯

锁定顾客之后，酒店可以想方设法地改变顾客的下单习惯。例如，在顾客离店时向顾客发出提醒："下次您可以通过酒店小程序下单，更方便、更优惠，也可以在微信搜索酒店名称哦！"

通过回馈让顾客下次再来

酒店要想在短期内让业绩翻倍，必须让顾客下次直接来酒店消费，而不是通过第三方平台预订。想要做到这一点，酒店必须想方设法地回馈顾客，例如顾客下次直接到酒店订房可以获得酒店赠送的现金大礼包，或者在酒店采购当地特产时，酒店不仅为其提供精美包装还负责包邮快递。通过这些回馈方式让顾客享受到直接的利益优惠，提高顾客对酒店的忠诚度。

"附近的小程序"功能

通过"附近的小程序"功能，顾客可以搜索附近 5 千米范围内的微信小程序，随时获取周边的酒店信息。对于酒店来说，这种方式可以切实提高酒店的曝光率。"附近的小程序"功能如图 14-2 所示。

图 14-2　"附近的小程序"功能

H 积分、会员、卡券功能：使用即会员

通过微信小程序新增的卡券功能，酒店可以更方便地进行营销管理。顾客只需要使用一次酒店小程序服务就能成为酒店的 VIP，直接在酒店小程序中使用优惠券、积分，获得更优质的体验。

H 公众号联动效应：扩大传播途径

顾客可以通过酒店小程序看到关联的微信公众号。酒店可以借助微信公众号强大的宣传功能与关注的顾客产生联系，获得更大的经济效益。

H 特价促销活动引爆流量

很多酒店几乎每天都会推出特价房，因此酒店可以做一个小程序专门推出特价促销活动，鼓励顾客将小程序分享给身边的亲朋好友，让亲朋好友帮忙转发分享，从而实现裂变传播。为了引导顾客转发分享，酒店可以在小程序首页注明：只要将小程序分享给 5 位好友，就能成为酒店的金卡会员，享受首次入住半价的优惠。

另外，酒店要关注钟点房这类房型，可以通过推出钟点房获得流量、销量与评论。一个酒店小程序想要在大量同类小程序中脱颖而出获得关注，必须覆盖更多的价格区间。例如，一家酒店的房间价格都在 100 元以上，为了覆盖消费能力在 100 元以下的顾客，可以推出一些便宜的钟点房产品，借此获得更多的流量。

H 运营小技巧

酒店想要通过微信小程序获得更多流量，必须合理设置搜索关键词与标签，设计精美的展示页与首图，在最短的时间内吸引顾客注意。酒店想要获得更高的转化率，必须合理设置酒店客房价格，构建合理的价格体系，关注并及时回复顾客评价，还要做好产品页设计等。另外，为了提高获客率，酒店可以投放一些收费类广告，例如推广通、会员计划等。

酒店小程序推广实战技巧

⊞ 附近的小程序

"附近的小程序"功能是微信小程序唯一免费的推广方式，酒店必须利用好这个功能让自己获得更多的曝光量。首先，酒店需要在腾讯地图上标注出自己的位置，然后在微信上注册商家小程序，将酒店的地理位置与小程序捆绑起来，这样酒店小程序就可以把附近 5 千米范围内信息显示出来。对于酒店来说，"附近的小程序"是一个很值得利用的引流手段。

⊞ 在微信公众号的自定义菜单链接小程序入口

当酒店掌握了微信公众号的引流技巧，不妨在此基础之上利用已有的微信公众号来推广小程序。酒店可以在微信公众号底部的自定义菜单栏中加入小程序的链接，让顾客点开公众号就可以直接看到小程序。酒店还可以在公众号设置小程序专属优惠，通过公众号进行宣传，吸引顾客通过小程序购买产品和服务。只要顾客点开一次，酒店小程序就会保存到该顾客的小程序首页，提高二次点开率。公众号链接小程序如图 14-3 所示。

图 14-3　公众号链接小程序

通过公众号关联小程序

关联小程序与公众号，公众号可实现消息推送、介绍页推送、图文中附带小程序卡片、会话中自动发送小程序卡片、图文 CPC 广告、菜单栏入口设置等功能。小程序与公众号关联形成两环相扣的紧密型高效营销模式，可以显著提高微信用户对小程序的关注度。另外，这种模式也是线上线下结合营销的典型方式。在这个过程中，公众号主要负责线上引流，将酒店宣传出去；小程序主要负责线下的流量变现，将顾客关注转化为实际的消费。公众号关联小程序如图 14-4 所示。

图 14-4 公众号关联小程序

社交立减金

社交立减金是一种利用社群关系快速"拉拢"新顾客的营销方法。顾客在微信酒店小程序完成交易后，酒店可以通过小程序直接赠予他"购物立减金"，而使用"购物立减金"有一定的条件，即顾客必须将小程序分享给其他人才可以领取，被分享的那个人也可以使用。

酒店可以通过顾客的相关信息来实施差异化的立减金发放，例如新老顾客的金额差异、会员与非会员的金额差异等。另外，酒店还可以根据顾客的喜好为其推荐个性化产品，吸引顾客注意，促使消费行为发生。这种以老带新的优惠服务可以快速提高酒店小程序的关注度，并通过微信好友之间的主动分享降低酒店获得新顾客需要付出的成本。

消息通知（服务通知）

顾客完成支付后，微信酒店小程序会向其发送服务消息的通知。通知一般会出现在手机的通知栏中，注明通知的时间、名称和大致内容。顾客看到通知栏时，只需要点击一下就可以回到酒店小程序，再根据引导完成后续操作。顾客在完成支付之后二次进入酒店小程序，可以在一定程度上提高小程序的用户活跃度，获得酒店提供的更细致、便捷的服务，使酒店产品和服务的曝光率得以大幅提高。另外，顾客还可以通过微信的聊天框查看消息通知，享受最便捷的服务。

朋友圈推广

好友之间的朋友圈是相互可见的，说明他们之间存在一定程度的信任关系，这为顾客之间的分享和推广提供了可能。但朋友圈是人们分享生活的地方，对于那些一眼看上去很明显是广告的内容，顾客往往会快速滑过。如果这些内容过多，会导致顾客产生厌恶情绪。酒店小程序想要在朋友圈推广必须认识到这一点，想要取得良好的推广效果，必须抓住人们浏览朋友圈时的猎奇心理，撰写有创意的标题和文案，搭配有趣味的图片。

对这些内容产生兴趣的顾客，只需要点击小广告就可以直接进入酒店小程序主界面，如果对小程序满意还可以分享给好友或聊天群。对于酒店来说，这种在朋友圈投放小程序广告的方式可以产生很明显的宣传效果，可以将线上微信用户转化为实际消费顾客。但这种宣传方式需要付出的资金比较多，酒店需要根据自己的实际情况进行权衡。

H 巧妙设置关键词

除了上述让顾客被动接受的方式之外，酒店还可以充分利用顾客的主动搜索行为来推广小程序。微信上搜索小程序的途径主要有 4 个：小程序搜索、"发现"中的搜索、聊天页搜索和通讯录页搜索。

如同文献资料检索一样，小程序检索也是一门学问，顾客一般感知不到，但小程序的运营者需要好好把握。关键词设置能够直接影响顾客的搜索结果。如果酒店将小程序的关键词设置得过于专业化或精细化，令普通顾客想象不到，那么在搜索结果中，该酒店小程序的排名会非常靠后。因此，酒店要充分利用好小程序的10 个可设置的关键词，选择一些相关度较高、顾客可以很快想到的词，例如"酒店""住宿""旅游""预订"等，尽可能提高酒店小程序的曝光率。

H 与线下门店结合

酒店不仅可以通过线上推广让顾客关注小程序，还可以通过线下扫码的方式触及顾客。酒店可以将优惠活动设置在小程序中，吸引和鼓励顾客扫描小程序码进行支付，形成一个"小程序码—小程序—支付"的简单模式。这种线下门店结合线上小程序的服务方式能够有效提高服务效率，提升顾客的消费体验。

H 社群分享

酒店也可以通过聊天小程序和群小程序进行社群分享，主要表现为小程序卡片出现在聊天主界面和聊天详情界面中，这两个地方都可以作为小程序的入口。顾客可以通过直接分享让自己的好友、群成员看到。如果酒店在小程序中设置优惠活动，再将这些优惠活动宣传出去，不仅能够吸引顾客消费，还能激发顾客的分享意愿。总而言之，小程序社群分享可以让酒店树立良好的口碑，获得更多的盈利。

第五部分

管理赋能：数字化时代的组织进化

第 15 章
重塑组织：酒店管理进阶法则

组织结构：建立扁平化组织

随着消费水平的不断升级，人们的消费需求逐渐向个性化、多样化的方向发展。根据马斯洛需求层次理论，人们在满足了基本的生理需求之后，会向追求精神愉悦、实现自我价值等更高层次的需求转移。为此，酒店行业想要实现可持续发展，必须提供高质量服务以满足顾客精神层次的需求。在这种情况下，酒店传统的金字塔型组织结构暴露出了一些弊端，阻碍了酒店服务人员服务质量和水平的进一步提高。

为了改变这一局面，提高企业竞争力，酒店必须跟随行业及企业组织结构转型的步伐，以一种全新的、适合酒店发展特点的组织结构来迎接消费时代的大变革。

对酒店而言，扁平化的组织结构最适合其未来的发展方向。"组织结构扁平化"，顾名思义就是将高耸的金字塔型组织结构压缩为更扁、更广、更紧凑的横向组织结构。**具体来讲就是通过减少管理层级、裁减冗余人员、压缩中间环节，使企业整体结构更加紧凑和干练。总体上看，这种组织结构更有利于减少管理失误，降低管理成本，提高管理效率。**

酒店组织结构扁平化的优点

酒店组织结构扁平化的优点见表 15-1。

表15-1　酒店组织结构扁平化的优点

优点	具体描述
简化内部作业流程，确保信息时效性	在传统的金字塔型组织结构中，管理层级过多，信息由上到下或由下到上的传递速度较慢，加上流程过多还有可能导致信息失真，严重影响工作效率和质量。如同传话游戏一样，参与传话的人越少，传到最后的话语的准确率就越高。如果酒店的管理层级能够减少，信息传递过程就会少一些障碍，信息传递的准确率和效率也会显著提升
压缩决策周期，提高服务质量	组织结构扁平化要求管理层级下移，让管理者更加贴近基层员工和顾客，让管理者和决策者能够直接与员工和顾客对话。没有了烦琐的中间环节，决策周期自然会缩短，决策效果自然会提升，而且还能让决策者直观地了解到员工和顾客真正的需求。在这种情况下做出的决策，在大多数情况下对提高服务质量都有直接促进作用
降低成本	在酒店传统的金字塔型组织结构中，高一级员工的薪资往往比低一级员工的薪资高出很多，而扁平化组织结构的组织层级减少，可以有效减少薪资支出，同时还能节省办公场地。酒店可以将这些场地改造成其他可以用来盈利的房间，在降低成本的同时增加酒店收入
提高员工的积极性和创造性	管理层级减少之后，基层员工与管理层的薪资水平差距缩小，并且管理层的权力下放，有利于提高基层员工的积极性。这种积极性可以转化为创造力，让员工主动创新服务方法，为顾客带来更优质的消费体验，为酒店的长久发展提供不竭动力

组织结构扁平化的组织架构原则

建设扁平化组织架构的三大原则如图 15-1 所示。

图 15-1　建设扁平化组织架构的三大原则

1. 精简管理层级

酒店传统的金字塔型层级管理结构一般是"总经理—部门经理—主管—领班—基层员工"。总经理发挥统领作用，不能取消；酒店部门众多，总经理一人难以管理，需要给各部门配置一名部门经理，因此部门经理也不能精简；主管和领班可以取消，基层员工直接接受部门经理的领导。

- 精简主管。对于那些不与顾客直接接触的部门（例如财务部、行政部、人事部等），部门规模不大，员工数量不多，办公地点和时间较为集中，可以取消主管，直接由部门经理承担主管的职务。有些部门虽然与顾客接触但人数较少（例如安保部），也可以取消主管。

- 精简领班。对于那些员工数量较多、工作活动范围较大、直接给顾客提供服务的部门，一般不能精简主管，但是可以不设置领班。例如客房部和餐饮部，一般由部门经理和主管共同管理。而且根据以往的经验，很多酒店客服部和餐饮部的主管也会参与到为顾客提供服务的工作中去，因此他们与基层员工之间的界限不是很明显。

2. 精简每一层级中的级别

对总经理而言，如果设置一名副总经理，那么可以适当分担其部分工作，但如果给总经理设置一名总经理助理，就完全没有必要设置副总经理。目前，国内和国际上很多大型酒店采用的都是这种组织方式，各部门经理直接对总经理负责。如果酒店规模更大一些、部门更多一些，酒店才会考虑设置一名副总经理，用于分担总经理的部分工作。

3. 部门不设副职

除了总经理可以考虑设置一名副总经理之外，其他各部门甚至比部门更小的层级机构，完全没有必要设置副职，以免造成人力资源的浪费。即使是客房部和餐饮部这样的大部门，不设副经理依然可以正常运转。

扁平化的组织结构改革仅仅是针对一般情况而言的，酒店不能机械化地执行，要坚持具体问题具体分析，在一定范围内根据实际情况灵活变通。例如，以会议接待和宴会为主要特色的酒店，餐饮部必定是酒店的重点部门，不但规模庞大，而且需要严格把控食品质量。为了保证工作质量与结果，餐饮部只设置一个部门经理是远远不够的，很有必要设置一个部门副经理，甚至有必要设置领班。总之，酒店采用扁平化的组织结构，再结合具体问题具体分析，一般能节省十几到几十人的人力成本，增强酒店的管理能力，提高酒店的管理效率。

如家酒店的"店长—值班经理—员工"三层组织管理体系可以称得上扁平化组织结构的典型。如家酒店放弃了传统的五层金字塔型组织结构，直接省去部门经理和领班两个层级，与一般酒店相比显得更加"扁平化"。在这一组织结构运行过程中，店长（总经理）同时负责市场营销、人力资源、顾客关系、前台支持等多项任务，属于"一岗多能、一人多专"。如家酒店的这种扁平化组织结构提高了管理效率和服务效率，成为其在激烈的市场竞争中保持不败的核心竞争力。

人才驱动：激活个体价值

从阿里巴巴、百度、腾讯、谷歌、亚马逊、苹果等众多国内外互联网公司的成功经验来看，人才管理对于企业战略和业务的准确执行有着至关重要的作用。这些成功的互联网公司有一个共同特征，那就是拥有一支高素质的人才队伍，人员涉及管理、市场、技术等多个领域。

在互联网信息时代，大多数企业的员工已经由原来的"经济人"转变为"知识人"。企业对高素质人才的需求符合这一趋势，同时也体现了这一趋势下的一个重要理念：效率、速度、极致。对于酒店管理者而言，想要发挥员工的主观能动性，让员工实现自我管理和自主创新，实现员工个人利益与企业利益的趋同，必须着眼于管理思维、管理手段、激励方式等方面的改造。

建立以大数据为手段的人才管理系统

传统的人力资源管理缺乏一套比较标准的管理体系，管理者做决策大多依据直觉和经验进行。互联网信息技术的发展使得人与人之间的交流可以通过某种方式被记录下来，以大数据分析技术最为典型。目前，大数据分析技术已经被应用到越来越多的领域，人力资源管理也不例外。管理者可以通过大数据分析将直觉性和经验化的东西转化为实实在在的可被分析和利用的数据，从而做出科学的决策。

大数据分析技术在人力资源管理层面的运用可以促使决策者的决策行为更加规范化、程序化。管理者可以选取一定数量的数据样本进行分析，推断未来员工组织结构的变化趋势、员工素质的变化、员工对薪资水平的期望等。同时，大数据分析还能为酒店人力资源管理体系的配置、劳资关系管理、招聘依据调整、培训要求设置等提供科学依据。

建立以提升员工价值为目标的人才体验平台

人力资源管理不应该仅限于个人激励，而应该考虑将个人激励与绩效增长相结合，以绩效目标的设定为起点（对结果的问责、全面的反馈等），以个人激励为终点（提供差异化的薪资水平与发展前景），让每个员工都能在企业中找到自己的价值，并将其转化为工作动力，提高人力资源管理效率。

为了通过这种方式提高员工价值：**第一，管理者需要转变理念，不要将企业员工视为控制和管理的对象；第二，管理者要将人力资源管理的日常工作由"管人"转变为提升员工价值体验的"管事"。**具体来讲，酒店可以建立专门的平台，给员工提供参与人力资源管理方法决议、人力资源产品研发、人力资源活动体验的机会。

建立以使命感为基础的人才激励机制

为了促使员工在自我驱动下形成独特的、迎合企业发展需要的目标，酒店需要建立以使命感为基础的人才激励机制。建立这一机制需要酒店人力资源管理部门将改革重点放在"管事"上面，即发展员工事业，然后进一步培养并激励员工的责任意识，提高员工的主动性和创造性。建立人才激励机制的四大策略如图 15-2 所示。

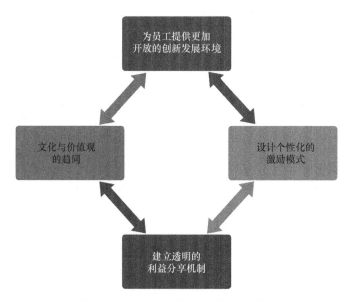

图 15-2　建立人才激励机制的四大策略

1. 为员工提供更加开放的创新发展环境

传统的人力资源管理主要侧重于员工绩效的审查，基于这种方式，管理者只能以单一的依据进行决策，难以发现员工的潜力。在互联网信息时代，酒店人力资源管理要求关注员工价值，以员工激励为主要手段，注重培养员工主动学习、主动创造的意识，给员工提供更加宽松的学习环境和施展空间，最大限度地激发员工的工作热情。

2. 设计个性化的激励模式

以往的人力资源管理格局较小，主要通过分析人才投入产出比来判断员工在短时间内的变化。在移动互联网时代，酒店管理者应根据实际情况尽可能无差别地对待员工的不同诉求和不同员工的诉求。尤其是在吸引和鼓励优秀员工方面，酒店为他们投入的资金越多，获得的回报就越丰厚，并且可以让员工产生心理认同。从长远来看，企业将获得更多的经济效益。

3. 建立透明的利益分享机制

酒店的利润是透明的，酒店管理者可以根据员工对酒店的贡献来建立透明的利益分享机制。

4. 文化与价值观的趋同

虽然每位员工的个人技术和能力有所不同，但只要有相同或类似的文化与价值观的引导，就可以凝聚起所有力量向着共同目标前进。在互联网时代，酒店人力资源管理的核心就是凭借统一的文化与价值观将员工凝聚在一起，增强员工的凝聚力与向心力，围绕实现顾客价值、组织扁平化、简化管理流程、追求速度与质量并重等需求，带领企业走上健康可持续发展的道路。

总而言之，互联网技术的快速发展与广泛应用为员工提供了一个广阔的发展平台。在这个背景下，酒店的人力资源管理应该顺应时代的发展潮流，利用互联网重新构建人力资源管理的方法论，为酒店从传统向现代的顺利转型提供强有力的支持与助力。

绩效导向：向绩效管理要效益

绩效管理是指各级管理者和员工为了达到组织目标共同参与的绩效计划制订、绩效辅导沟通、绩效考核评价、绩效结果应用、绩效目标提升的过程，其目的是持续提升个人、部门和组织的绩效。绩效管理将与员工切身相关的问题（目标、评估、指导、发展等）和企业效益结合在一起，衡量员工履行自己的岗位职责的程度。对于酒店来说，建立一个科学合理、公正有效的绩效管理体系对自身发展至关重要。

我国酒店业绩效管理存在的问题

我国酒店在绩效管理方面存在很多问题，这些问题可以概括为 3 个方面。

1.大多数酒店依然停留在绩效评估阶段

虽然酒店行业的市场竞争日益激烈，内部员工的期望日益高涨，但这似乎没有促使大部分酒店产生改进绩效管理的决心，很多酒店依旧采用原来通过绩效评估对员工进行管理的方法。有的酒店虽然改进了绩效管理，进行绩效考核，但并未对员工产生积极的激励作用，甚至弄巧成拙，起到了反作用。

2.忽视员工参与

绩效管理强调管理者与员工共同参与，但大多数酒店仍然将员工视为"被雇佣者"，没有重视员工价值，导致酒店绩效指标难以实现。员工被视为绩效管理的对象，是绩效管理行为的"局外人"，不知道酒店的绩效考核标准、考核流程……在这种情况下，员工无法明确努力方向，不知道应该如何达到绩效目标。

3.绩效考核定位不准确

绩效考核一定要以达到某个目标或某个效果为目的，而很多酒店的绩效考核流于形式，只是为了考核而考核，缺乏明确的目标，无法达到应有的效果。绩效考核需要将考核结果利用起来，或继续保持，或快速改进，如果耗费了大量时间和金钱却没有得到考核结果，这样的绩效考核没有任何意义。一般来说，绩效考核的定位偏差主要表现在两个方面：一是定位过于狭窄，二是忽视考核的目标与结果。

H 我国酒店行业存在问题的解决对策

为解决这些问题，酒店必须采取一些有针对性的措施。

1.明确企业战略目标，制订并实施科学的绩效评价方法

实施绩效管理的最终目的是追求并达到企业的战略目标，因此企业必须明确自身的战略目标是什么，如果没有总的目标方向，绩效管理也就无从谈起。绩效管理系统的核心是绩效评价，因此，酒店想要做好绩效管理，必须选择合理的绩效评价方法，将这种方法与企业的战略目标结合起来，促进企业的绩效管理与战略目标协同跃进。酒店绩效管理评价可以采取平衡计分卡的方式进行。平衡计分卡是从财务、顾客、内部运营、学习与成长 4 个角度，以企业战

略为基础，形成一套可操作的衡量指标和目标值的一种新型绩效管理体系，它可以让员工明确企业战略目标和自己需要承担的职责。这种绩效考核方法打破了过去只能衡量已经发生事情的局限，具有一定的前瞻性。

2.实施科学有效的绩效激励

为了促进酒店绩效的提高，对员工的绩效激励必须保持一定的科学性，这主要体现在计量的客观、准确与可量化方面，即用客观、准确的激励指标来量化考评结果。同时，制订绩效激励指标要与平衡计分卡的考评结果结合起来，保证管理者与酒店员工共同参与，形成一个更加符合实际情况的激励机制，发挥其应有的激励作用。

3.基于绩效考评的学习提高

我国部分酒店能够获得成功，依靠的是管理层或管理层中的某位成员，这样的成功存在很大的风险，一旦遭遇变故，企业就会因为没有可用的人才而受到重创。因此，绩效考评的一个重要目标——推动企业全体员工学习和成长，变得尤为重要。如果酒店能够实现这个目标，就可以拥有更多的优秀管理人员，这样一方面能够增强酒店承受风险的能力，另一方面能够达到"百家争鸣"的效果。另外，酒店对员工进行培训要以绩效考评结果为依据，科学客观地评价员工的能力、态度、业绩等，有针对性地帮助员工学习，提高员工的素质水平。

4.注重绩效沟通

绩效沟通是指考核者与被考核者就绩效考评反映出来的问题以及考核机制本身存在的问题开展实质性沟通，积极寻求应对之策，完善绩效考核机制，提高员工绩效的一种绩效管理方法。我国酒店行业的绩效考核过程比较粗放，不太重视绩效沟通，采用的是简单的绩效考核模式，即"量化—考核—奖惩"模式，导致绩效管理形式化，收效甚微。

文化落地：完善酒店文化建设

根据我国经济社会的发展阶段和人们消费结构的变化，我国酒店行业的竞争正在经历从"物质"到"精神"的转变。"物质"层面的竞争是指酒店硬件设施和服务的竞争，"精神"层面的竞争是指文化层面的竞争。酒店硬件设施的竞争已经几乎没有太大的空间了，服务的竞争空间也逐渐趋于饱和，因此在之后很长一段时间内，酒店文化建设会成为各路竞争者持续关注的重点。

为做好文化建设，酒店必须先明确文化建设的定义及范围，它不是流于形式的口号、大字标题、娱乐活动，也不是精神文明建设，而是一种融合了酒店整个系统、潜移默化的企业文化，具有一定的独特性。

酒店企业文化的五大要素

酒店企业文化涵盖的内容非常丰富，主要表现在 5 个方面。酒店企业文化的五大要素如图 15-3 所示。

1. 环境

酒店环境包括内部环境和外部环境。前者包括酒店经营所用的硬件设施、酒店员工的生活与工作环境、酒店依托的城市环境等；后者包括酒店在社会上的地位、口碑、形象、所处的社会经济环境等。其

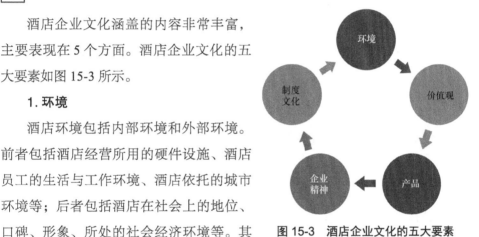

图 15-3　酒店企业文化的五大要素

中，酒店内部环境能够给人留下最直观的印象。例如，酒店的建筑风格往往与酒店自身或所坐落城市的历史、文化背景等方面息息相关。

2. 价值观

价值观是企业文化的核心。服务型企业的价值观是以人为本，即以人为中心，关心人、爱护人的人本主义价值观。酒店不论是在产品生产销售过程中，还是在为顾客提供服务的过程中，应该始终把顾客放在第一位，给予顾客充足的人文关怀，让顾客能够了解酒店的价值观。

3. 产品

酒店产品分为有形产品和无形产品，前者指客房、餐饮、娱乐等产品，后

者主要指服务，前者的价值主要通过后者来实现。但不论是有形产品还是无形产品，酒店都要赋予它们独特的、深刻的文化内涵，使之区别于市场上的同类产品。

4. 企业精神

酒店的企业精神体现了酒店的精神面貌，良好的企业精神能让顾客产生耳目一新的感觉，从中可以体现酒店的宗旨、理念、目标等。例如，上海和平饭店的企业精神是"优秀企业造就优秀员工，优秀员工造就优秀企业"；四季集团的企业宗旨是"一切为了顾客"。

5. 制度文化

任何企业都要有一套自己的规范制度。对于酒店而言，为了实现自身的发展目标，酒店要面向员工制订一套有方向性、参考性、适应性的制度文化。酒店的制度文化要与酒店的组织结构、领导体制融为一体。符合自身的制度文化对酒店的发展具有积极的促进作用，因此酒店要协调好制度文化与组织结构、领导体制之间的关系，兼顾其全面性、系统性和有效性。

完善酒店文化建设的五大对策

现阶段，在市场上现有的酒店中，超过九成的酒店没有完善的文化系统。完善酒店文化建设的五大策略如图 15-4 所示。

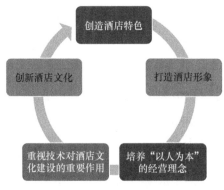

图 15-4　完善酒店文化建设的五大策略

1. 创造酒店特色

酒店必须有自己的特色和优势，如果以此为基础考虑市场定位，就可以吸引到源源不断的顾客资源。如果酒店的特色很难被他人效仿，那么它就拥有了极强的生命力。酒店的特色在很大程度上来源于酒店的文化氛围，这是一种体现在酒店全体员工身上的气质。酒店的精神文化是酒店企业文化的重要内涵，可以潜移默化地影响整个酒店的人文环境，作为一种积极的精神影响力传递给每一位顾客。但这种精神文化并不是完全看不见摸不着的，它可以通过有形的东西表现出来，例如酒店服务中的一些细节等。

酒店的精神文化不是酒店管理中机械化的理论方法，而是形成这些方法的指导理念；不是酒店员工的具体工作内容，而是他们工作背后所隐含的原因和动机；不是酒店人与人之间关系的客观显现，而是这种关系所反映出来的员工的价值观和人生观；不是员工工作时采用的具体方式，而是员工采取这种方式、保持这种状态时对工作或顾客持有的情感；不是员工在为顾客提供服务时的态度，而是这种服务态度背后所反映的员工的精神理念……这些具体的精神文化共同体现了酒店的文化特色。

2. 打造酒店形象

酒店形象相当于酒店的"门面"，良好的形象有利于酒店在竞争激烈的市场中保持自己的独特气质。面对几家服务质量、产品价格相差无几的酒店，顾客更愿意选择拥有良好形象的酒店。酒店的良好形象不仅能为自身带来巨大的经济效益，还能为整个行业甚至是整个社会带来巨大的社会效益。

当前，越来越多的酒店经营者已经认识到企业文化建设和市场形象塑造的重要性。酒店形象打造需要酒店文化的建设和具体要素的对外塑造。独特的酒店文化和企业形象可以帮助酒店以更清晰、明确的思路进行市场定位，生产适销对路的酒店产品。如果酒店的企业文化渗透到每一位员工的心中，就能促使员工为顾客提供更高质量的服务，吸引顾客进行二次消费，帮助企业获取更多利润。

3. 培养"以人为本"的经营理念

对于服务型产业来说，"人"是一切工作的出发点和落脚点。这里的"人"

不仅指企业经营的对象——顾客，还指企业自身的"人"——员工。"以人为本"的经营理念要求企业以人为中心，在生产和销售过程中始终重视人的价值、相信人的力量、理解人的特征、促进人的全面发展。对于酒店行业而言，在保证一切工作以顾客为中心的前提下，最重要的是要提高管理者和员工的基本素质和服务水平，引导他们处理好管理者与员工、员工与员工、企业与员工之间的关系。另外，酒店还要在意识形态上明确人的中心地位，即人的价值始终高于物的价值，关心和尊重员工，让员工体会到人文关怀，让顾客享受到满意的服务等。

4. 重视技术对酒店文化建设的重要作用

技术可以分为生产技术和服务技术，生产技术的专业化水平较高，突破难度较大，虽然耗费大量的人力和财力，但取得的进步较小。对于具有服务属性的酒店来说，严格的生产技术要求在这里并不适用，因为人具有情感，且人的需求千变万化，冰冷的生产技术无法替代服务人员。

酒店的生产技术要求低，一般只涉及基础设施问题，只要有足够的条件就可以满足。酒店想要在市场竞争中获得优势地位，必须把眼光放到提升服务技术的措施上。顾客来酒店消费，除了需要满足基本的食宿需求之外，还有情感诉求。他们需要服务人员为他们提供周到的服务以获得心理上的愉悦感，而硬件设施无法满足这些需求。如果酒店能采取相关措施推动服务技术进步，就可以在一定程度上推动酒店文化建设，这是一个潜移默化的过程。

5. 创新酒店文化

酒店管理者和决策者要深入考察企业的各个层面，对基层员工和底层设施进行全面的调查和研究，然后通过这种方式找到企业的个性化之处，并将这些内容连同所有的岗位及环境进行精细的分类，尤其要把酒店行业的共性和自身的个性区别开来，让服务内容更合理，更具操作性。

另外，酒店还要挖掘自身发展过程中已经形成的酒店文化，重视酒店文化的导向作用，结合酒店成功的管理经验和战略发展要求，丰富酒店文化，创新酒店文化内涵，增强酒店文化及酒店的可持续发展能力。

第 16 章
数据经营：重构酒店经营优势

市场定位：提供科学的决策依据

作为近几年互联网行业的"热词"，大数据触动了很多酒店管理者的神经。在此形势下，越来越多的酒店从业者开始关注大数据，学习如何利用大数据技术为酒店的经营管理赋能，推动酒店更好地发展。

酒店服务业应该如何利用大数据技术做好经营管理呢？具体来看，酒店可以从以下几个环节利用大数据技术做好前期的市场定位、营销管理、收益管理与质量管理，打造出一套合理的产品体系，获得更多高忠诚度的顾客，不断提升市场竞争力，促使酒店收益实现最大化。

在建设酒店之前，管理者必须组织开展项目评估与可行性分析，根据评估结果决定是否可以建设酒店。如果可以，酒店要确定怎样的文化主题？酒店规模多大？档次如何？要设计什么类型的产品？目标顾客群体如何定位？产品如何定价？未来的市场供需情况如何？在酒店建设之前，管理者必须明确这些内容，即做好前期市场定位。

酒店建设不仅需要投入大量资金，还需要投入大量时间（酒店建设周期一般为 3～5 年），成本极高。酒店一旦完成建设，投入运营，便很难再改变其市场定位。因此，在酒店建设过程中，前期市场定位必须精准，否则很有可能使投资商蒙受巨额损失。

通常情况下，酒店前期研究人员收集的数据信息主要来源于统计年鉴、行业管理部门数据、相关行业报告、行业专家意见及属地市场调查等，这些数据大多存在样本量不足、时效性不强、准确度低等问题，导致酒店的市场定位不精准，存在数据瓶颈。

进入大数据时代之后，在云计算与数据挖掘技术的支持下，酒店前期研究人员不仅可以获得数量充足的样本与数据，还能在历史数据的支持下，通过创建数学模型对市场进行精准预测，提高数据搜集、统计分析的质量与效率。当然，数据搜集与统计分析不能仅依靠酒店前期研究人员，还需要数据公司提供支持与帮助，以此提高酒店市场定位的准确性。

数字营销：精准洞察顾客行为

在酒店市场营销中，产品研发、渠道拓展、价格制订、顾客维护，任何一项工作的开展都离不开市场数据的支持。具体来看，酒店的市场营销要做好以下两项工作。

- 通过获取数据，对数据进行统计分析来了解市场信息，掌握竞争者的发展情况，了解酒店在整个行业中所处的地位，做到"知彼知己，百战不殆"。
- 通过对顾客档案数据进行挖掘，了解顾客的消费行为与价值取向，更好地为顾客服务，提高顾客的忠诚度。

在传统的市场竞争模式中，由于酒店只能通过仅有的几条途径获取数据，通过有限的调查数据对竞争者进行分析，以致无法对市场动态与供需情况做出全面的掌控，无法确定酒店在整个行业的竞争地位，很难制订正确的竞争策略。随着经营理念不断更新，传统的酒店行业营销模式不再适用，必然要求管理者提高对市场信息掌握的精准度，提高定价的准确度。

与此同时，市场竞争分析也发生了一定的改变。之前，酒店行业的市场竞争分析指标主要是客房出租率、平均房价、每间可预订顾客产生的平均实际营业收入分析，现在已经转化为市场渗透指数（Market Penetration Index，MPI）、平均房价指数（Average Rate Index，ARI）、收入指数（Revenue Generated Index，RGI）等。从维度上看，市场竞争分析指标还包括时间维度、市场份额、同比变化率等。

对这些市场标杆数据进行分析，有助于酒店管理者掌握更多的市场供求变化信息，对酒店行业潜在的市场需求进行挖掘，获取竞争者的商情，确定酒店在整个竞争市场中的定位，从而制订准确的营销策略，打造差异化的酒店产品，确保产品定价的合理性、准确性。

大数据在酒店行业的应用需要酒店获取这些市场数据，利用统计分析技术获取所需信息。在顾客分析方面，如果酒店擅长对顾客在酒店的消费行为数据进行整理分析，例如顾客在酒店的花费、喜欢的房间类型、选择的订房渠道、平均停留天数、来该城市的目的、喜欢的菜品等，酒店就能充分掌握顾客的消费行为与兴趣偏好。在顾客再次入住时，酒店可以提前做好准备，提高顾客的满意度，将其发展为酒店的忠诚顾客。

由此可见，对于酒店行业来说，数据蕴藏着巨大的能量。如果酒店管理者能够利用数据开展市场营销，那么必定能在激烈的市场竞争中占据优势地位。

收益管理：实现利润最大化

酒店想要实现收益最大化就必须做好收益管理。具体来讲，收益管理就是将合适的产品或服务在合适的时间通过合适的渠道，以合适的价格出售给合适的顾客，以获取最大化收益。想要做到以上几点，酒店管理者必须做好需求预测、细分市场与敏感度分析。酒店行业收益管理的三大策略如图 16-1 所示。

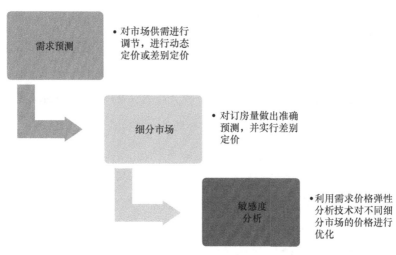

图 16-1　酒店行业收益管理的三大策略

需求预测

　　需求预测是指酒店管理者利用科学的方法对数据进行统计分析，建立数学模型，了解潜在的市场需求以及未来一段时间内各个细分市场的订房量与价格走势，利用价格杠杆对市场的供需情况进行调节，从而实现供需平衡，并面向不同的细分市场进行动态定价或差别定价。

　　市场需求旺盛时，酒店可以适当提高价格，以获取更多收益；市场低迷时，酒店可以通过促销、打折等方式吸引更多的客源，防止出现周期性亏损，保证酒店在不同市场周期都能获得最大化的收益。如果做好需求预测，酒店管理者就可以对市场做出前瞻性预判，在不同时期在市场上投放不同价格的产品，获取更多的收益。

细分市场

　　通过对市场进行细分，酒店可以对订房量做出准确预测，实行差别定价。差别定价是指面向不同的细分市场，对同一种酒店产品制订不同的价格，向有高支付意愿的顾客收取相应的费用，向支付意愿较低的顾客收取相应的费用。

通过这种定价方式，企业可以从各个细分市场获取最大化的收益。

⊞ 敏感度分析

敏感度分析是指利用需求价格弹性分析技术对不同细分市场的价格进行优化，对市场潜在收入进行充分挖掘。通过价格优化，酒店管理者可以发现酒店在不同市场周期及细分市场的最佳可售房价，避免房间过早被顾客以折扣价格预订。

进入大数据时代之后，酒店管理者开展收益管理的方式越来越多。但无论是需求预测、细分市场还是敏感度分析，都对数据量提出了较高的要求。过去，酒店的预测分析大多建立在自有数据的基础上，非常容易忽略外界市场的信息，导致预测结果失准。在进行收益管理的过程中，如果酒店能够在自有数据的基础上，以更多的市场数据作为补充，参考更多的市场信息，同时引入竞争分析机制，就能制订更准确的收益策略，获得更可观的收益。

顾客维护：有效提升服务质量

网络评论最早来源于网友在闲暇时间互动交流的网络社交平台，即互联网论坛。随着酒店行业接入互联网，越来越多的顾客选择在网上预订房间，并在完成消费后发表住店感受，这就是所谓的顾客评价。

过去，大部分酒店都不太重视顾客评价，对于顾客反馈的问题视而不见，不回复、不整改，这样做的后果是不仅导致酒店与顾客之间的距离越来越远，而且加剧了酒店与顾客之间的信息不对称现象，使酒店与顾客无法开展更密切的交流与互动。

随着互联网与电子商务的不断发展，酒店顾客评价发生了质变，早已由过去顾客对酒店"好"或"坏"的简单评价发展为多渠道、多内容、多维度的客观评价，评价内容越来越专业、理性，评价发布渠道越来越多元、广泛。

在这种情况下，顾客评价引起了酒店管理者与顾客的双重关注。市场调查显示，根据顾客评价选择酒店的顾客越来越多。这说明，顾客评价已经成为主导顾客预订酒店的一大关键因素，成为顾客衡量酒店品牌价值、产品价值、服务质量的重要指标。

为此，酒店管理者应该多维度地收集顾客的评价数据，对其进行统计分析，根据分析结果对顾客的消费行为、价值取向、酒店产品质量进行深度了解，组织产品创新，量化产品价格，合理定价，不断提升服务质量，推动酒店营销与质量管理工作不断前进。

越来越多的顾客在购买酒店产品和服务之后会通过预订时所用的平台进行评价，这种评价可信度极高。正因如此，其他顾客在选择酒店时会将这些评价作为重要参考。下面以××度假酒店为例，我们通过对其在携程网上近三年来顾客评价数据的分析发现一些值得关注的问题，为酒店提升产品质量和服务水平提供一些参考和建议。

××酒店服务质量评价

1.酒店概况

××度假酒店是国内知名的五星级酒店，酒店的建筑风格延续了当地独特的地域文化，该酒店拥有豪华精美的个性化客房以及私人别墅，是很多前来旅游顾客的首选。

2.有效数据选取

该酒店在很多互联网平台上推出了在线订房业务，单从顾客评价数量来看，携程网上的有效评论最多。本案例选取 2016—2019 年的所有顾客评价，在进行有效的数据筛选后对这些数据进行分析。关于数据筛选，以下有一个大致的标准：同一游客发表的所有相似评价算作一份；有广告性质的评论算作无效评价被剔除；在剩余的评价中，只选取那些包含酒店服务质量的评价。经过筛选，可以利用的有效顾客评价有 309 条。

3.统计结果

根据评价因素和分值的纵横分布对 ×× 酒店的顾客评价进行统计分析。携程网顾客点评数据见表 16-1。

表16-1 携程网顾客点评数据

评价因素	点评次数/次	值得推荐次数/次	有待改善次数/次	评分(满分5分)	总体评价（满分5分）
服务产品	251	240	31	4.4分	4.5分，95%的用户推荐
环境氛围	124	124	0	4.7分	
设施设备	98	93	5	4.7分	
安全产品	35	32	3	4.7分	
实物产品	103	91	12	4分	

××酒店存在的问题

从表16-1可以看出，在所有的评价因素中，酒店的环境氛围最受顾客关注，获得的好评最多，说明酒店富有当地民族特色的设施和服务基本符合顾客的心理预期。其他因素虽然没有环境氛围那么备受关注，但也没有特别大的问题。总体来看，顾客对该酒店的评价较高。同时，酒店管理者要注意那些占比较小的负面评价，因为一条负面评价对酒店产生的消极影响往往比10条正面评价产生的积极影响还要大。针对酒店存在的一些问题，从以下4个方面进行定性评价。顾客对××酒店服务质量的定性评价见表16-2。

表16-2 顾客对××酒店服务质量的定性评价

评价因素	点评次数/次	有待改善评价所占比例/%	评论内容（部分）
服务产品	251	12.3	"点餐上错菜，淡季服务人员比较少，服务意识比较差" "向经理反馈问题，直到我离开也没有得到回复" "办理入住足足让我等了1个多小时"
设施设备	98	5	"基本环境设施还是不错的，就是卫生间没有放手机的地方，淋浴间也没有放毛巾的地方" "卫生间下水不好，房间密闭需要服务员来开窗"
安全产品	35	8	"电梯下楼按钮漏电，虽然电压不高，但仍存在安全隐患" "酒店房间没有消防设备，公共区域的灭火器数量也比较少"
实物产品	103	11.6	"洗漱用品都是一次性，牙刷比较硬，每次刷牙都会流血" "早餐太简单，水果不多，各种餐具不齐全"

改进对策与建议

××酒店作为五星级酒店，其服务质量最受顾客关注，服务质量直接决定了酒店在五星级市场里的口碑。下面对进一步提升酒店服务质量提出几点建议。

1. 健全酒店服务质量管理体系

健全酒店服务质量管理体系，该酒店修订和完善了酒店工作流程和服务标准。相关研究显示，顾客主要通过 5 个指标对服务质量进行评价，分别是可靠、可信、敏感、移情和有形证据。除了"可靠"之外，其他指标都与服务质量有关，因此酒店需要把专业化和规范化穿插在为顾客提供服务的整个过程中。酒店要将"以人为本"和"顾客至上"融入全体员工的服务理念，积极主动地为顾客提供周到的服务，尽力满足顾客的个性化和多元化需求。

2. 重视服务过程控制和服务补救措施

服务过程控制包括两个方面的内容：一是检查应该提供的服务有没有做到位，二是检查酒店服务的各项标准有没有达到。**服务补救措施是指当服务出现问题时，通过道歉、赔偿、补偿等方式及时解决问题的举措。**一般而言，如果酒店能够严格执行服务过程控制，就不会需要采取服务补救措施，后者相当于一个应急备选方案。

3. 加强酒店设备设施的管理

一家五星级酒店的硬件设备设施自然不能落后。从某种程度上说，齐全、高档、智能化的设备设施是五星级酒店需要达到的最低要求，同时也是星级酒店的一个重要评级标准。为了达到这个最低要求，酒店要时时刻刻对硬件设备进行检查、维护、修缮和更新，这是酒店为顾客提供舒适体验的基本保障。

第 17 章
利润思维：酒店收益管理策略

酒店收益管理的 4 个要素

收益管理自 20 世纪 80 年代开始应用于酒店行业。因为收益的高低取决于房价的高低和与之相应的客房数量，所以酒店的收益管理就是在需求预测的基础上通过对客房入住率的调整来达到客房收益的最大化。酒店收益管理的基本要素是价格和客房，即对价格和客房的管理，旺季尽量提高房价，淡季尽量提高出租率。

⌂ 收益管理的4个要素

酒店收益管理的操作实务通过对市场和顾客的细分，对不同目的的顾客在不同时刻的需求进行定量预测，最终使酒店总收益最大化，确保酒店利润的持续增长。酒店收益管理受 4 个要素的影响，分别是顾客细分、需求预测、产出管理和动态定价，这 4 个要素之间不是相互独立的，具有一定的关联性。

1.顾客细分

酒店根据性别、年龄、兴趣爱好、婚姻状况、消费习惯、新顾客还是老顾客等标准对顾客进行细分，按照细分后的群体类型为顾客贴上标签，确定合适的商品价格，这是酒店营销和定价的重要内容。

2. 需求预测

基于大数据分析技术，酒店可以对所有顾客的过往需求进行分析，根据历史数据预测顾客未来的需求变化，包括是否会发生变化、何时发生变化、发生什么样的变化等，然后制订合理的分销策略。这种需求预测手段可以帮助酒店定价，并通过促销和其他营销活动提高酒店的客房入住率。

3. 产出管理

产出管理的目的是通过对产品价格和销量的把控，确定可以达到利润最大化的价格，这一概念需要与收益管理区分开来。收益管理的外延较大，是指企业的总体收入，而产出管理只是将目光聚焦于企业产出的产品。产出管理概念的出现时间较早，但隶属于收益管理。产出管理策略见表17-1。

表17-1 产出管理策略

策略	主要应用
最长入住时间	限定一个预订的最长入住时间，经常用于限制折扣客房或促销客房的库存量
最短入住时间	限定一个预订的最短入住时间，经常用于高需求时段以保障入住时长
抵达时关闭预订	特定日期内，禁止抵达当日的预订，经常用于临近旺季期间，风险在于可能不利于长入住顾客的预订
客房分配	酒店合作伙伴获得配额的客房用以销售，经常伴随折扣价格
库存保障	在库存充足的情况下，重点顾客享受协议价格的房型库存的优先保障

4. 动态定价

动态定价是基于商品的价值规律，允许商品价格根据市场变化上下波动的策略。在保证价格与价值量基本对等的条件下，通过市场供需变化及内外部数据变化实施一定范围内的涨价或降价，确定最合适的销售价格。内部数据包括用户画像、业务细分等；外部数据包括天气情况、预订模式、同行价格等。

动态定价策略以产品的社会必要劳动时间和价值量为基础，以市场竞争状况和用户需求为导向，可以让酒店根据市场变化制订可实现入住率和收益管理 KPI 指标最大化的最合理价格。动态定价的应用场景以及优劣势见表17-2。

表17-2　动态定价的应用场景以及优劣势

模式	应用场景	优势	劣势
成本导向定价	适用于当定价受财务条件驱动的情况	确保酒店实现高管制订的利润指标	很难参照成本定价，因为成本随规模而变化，容易出现高需求时段定价过低或者低需求时段定价过高的问题
价值导向定价	在酒店投资前启动该策略，顾客可获得相应的附加价值	实施得当可实现比竞争对手更高的收益，因为产品服务被赋予了更高的价值	最大的挑战在于主动鼓励顾客愿意为产品的真正价值支付更多，而不是被动接受顾客对价值的认可度
顾客导向定价	需求驱动式的特定时间服务，需求变化可能非常快	定价主要基于顾客的支付意愿，最可能实现收益最大化	顾客不会主动袒露支付意愿，而收益管理的目的不仅在于倾听顾客的偏好，还需要提升顾客支付产品真正价值的意愿
竞争导向定价	应用于当酒店想要实现特定市场份额目标时	通常可以实现高收益与高入住率	过分注重市场份额争夺可能导致不合理的价格削减，当竞争对手也采取类似策略时，市场将出现恶性的价格竞争

酒店收益经理的角色

顾客细分、需求预测、产出管理和动态定价都会对酒店收益产生影响，为了做好这4个要素的管理，酒店要设置收益经理一职，其核心职能包括预测、定价、库存管理、营销和分销渠道管理。酒店收益经理的核心职能见表17-3。

表17-3　酒店收益经理的核心职能

核心职能	主要内容
预测	以数据和顾客细分为基础，这两者是收益管理的主要支柱。通过预测顾客行为，收益经理可以优化收入结构。预测的主要依据包括历史入住率、房价、收入以及当前顾客活动数据
定价	取决于市场需求和顾客入住特定酒店房型的意愿。为了设定价格，收益经理需要分析市场、竞争对手的价格及其产品。酒店价格会根据不同的定价策略进行调整，包括基于需求的定价策略，企业定价、套餐价、合同协议和动态定价策略
库存管理	在酒店收益管理中，库存房间是易失效产品，如果没有顾客入住，酒店就会亏损，因此收益经理需要确保客房的入住率
营销	所有营销活动的目的都是增加产品销量，促销、折扣和忠诚度计划等营销活动都是为了保证酒店在销售客房的同时稳定客流，吸引新顾客

207

（续表）

核心职能	主要内容
分销渠道管理	在收益管理中，库存必须销售给特定细分市场的顾客，而渠道通常与细分的顾客群体密切相关。根据产品类型，收益经理可以选择渠道，为特定目标顾客设定价格

前厅部收益管理实务操作

前厅部是酒店的信息汇集中心，存储着客房经营记录、价格历史档案、各类房价档案、各时期各类房的入住率、各种客史资料等信息。酒店管理人员有时会产生将前厅部作为收益管理主阵地的错误认知。

前厅收益管理面向的顾客主要是散客，如何有效提高散客的房价？如何充分利用酒店和社会资源增加散客消费？具体来看，前厅部收益管理的操作方法主要包括以下几点。

前厅部要有"营销部"的意识

要做好前厅的收益管理，当务之急是前厅部经理要具备"前厅部也是营销部"的经营理念，在做好部门日常管理事务之余，要向前厅部员工灌输"前厅部是酒店第二营销部"的理念，并对大堂副经理班组和前台接待班组进行营销业务培训和营销洽谈技巧的训练。如果说营销有距离空间和成本费用，那么面向进店顾客的营销就是成本最低、空间距离最短的营销活动，成功率极高。

制订前厅收益管理的奖励制度

前厅部应制订"超平均房价"和"超入住率"的奖励方案，报酒店管理层审批实施，激发前厅部员工的工作热情。

酒店的协议客和门前客的比例分析

酒店顾客包括三类，即协议顾客、网络订房顾客和前厅门前散客。接待酒店三类顾客的策略见表 17-4。

表17-4　接待酒店三类顾客的策略

顾客类型	策略
协议顾客	协议顾客主要包括协议公司散客或团体客、协议旅行社的旅游团队、协议长住客、协议会议团客。对于协议顾客，酒店营销部门会通过与相关企业签订订房合作协议，确定协议优惠价格，其中针对一些协议价格，例如旅行团入住价、长住客价、会议团价等，双方可以根据季节和入住房间数、入住天数进行调整
网络订房顾客	这些顾客的房价一般是一年一签，基本不变。由于市场和酒店本身的定位，一家酒店网络订房顾客和协议顾客的房价收入一般占当期总房价收入的75%～80%，并且有一定的预订入住期。网络订房散客的房价最高，但需要支付佣金，大约占协议房价的8%～10%，协议公司散客的房价次之，会议团队又次之，旅行社团队的价格最低
前厅门前散客	这些顾客一般没有预订，大都是当即入住，这类顾客的房价收入一般占当期总房价收入的20%～25%。门前散客的入住价格比协议顾客的平均房价要高得多，通常会高出50%左右。前厅的收益管理主要就是调控门前散客，提高他们的入住率和入住房价，只有这样才能凸显前厅的收益管理功能

Ⓗ 门前散客对酒店平均房价的重要作用

为了说明门前散客对酒店平均房价的重要作用，我们以一家拥有300间客房的酒店为例，如果当期该酒店的入住率是70%，平均房价为380元／间，那么当期客房的出租收入计算如下。

① 300间 ×70%×380元／间 =79800元

要实现当期收入79800元，按照协议顾客总入住率80%，平均房价350元／间计算，门前散客平均入住房价要达到500元／间。

② 300间 ×70%×80%×350元／间／天 =58800元

③ 300间 ×70%×20%×500元／间／天 =21000元

① = ② + ③

从上面的数字可以看出，门前散客的平均房价500元／间比协议顾客的平均房价350元／间高出了43%。可见，提高门前散客的入住平均房价对酒店当期的平均房价有很大的贡献。

Ⓗ 关注非标准房类房间资源的收益管理

酒店协议顾客使用的房间大多集中在普通标准客房。酒店的豪华套房、总统套房、行政房的空置率都比较高，房况也比较好。受到酒店房价政策的限制，这些豪华客房很难出售。

为了改变这种资源闲置的情况，酒店管理者要向前厅部充分授权，前厅部经理向接待员充分授权，只有用"随行就市"的理念，才能让前厅接待员拥有销售豪华客房的洽谈空间。从收益管理的终极目标来看，多销售豪华客房将对门前散客平均房价的提升做出重大贡献。

[H] 节假日和重大活动时段的收益管理

节假日和重大活动时段的营销活动对酒店的总体房务收入有着重大影响，对于平均房价的提升和净利润的增加有明显的拉动效应。除了国家规定的"黄金周"以外，当地政府策划的重大商贸活动也应作为"黄金周"进行策划。酒店要灵活地对当期房价进行调整，对于低价房给予数量控制。

[H] 对超额预订控制的协调

酒店超额预订是一项业务惯例，问题是如何确定超额预订的合理比例。对于这一问题，因为在酒店的客房销售中，营销部门的协议顾客、协议公司的散客预订和团队预订占了绝大部分，留给散客预订的空间并不大。要增加客房收入，前厅部要与营销部门加强协商，对各协议公司的散客预订情况的"虚"和"实"做出清醒的分析与判断，采取预收定金的方式滤掉"虚假"的预订房，增加真实的预订房比例，以确定合理的超额预订比例。

客房部收益管理实务操作

酒店客房收益管理可以从两大方面进行操作：在求大于供时，努力提高房价；在供大于求时，努力提高出租率。由于存在预订顾客应到未到、推迟抵达、取消入住，未预订顾客随即入住，各个细分市场的客房比例发生变化，各个细分市场的梯度定价发生变动等因素，要对酒店客房进行精细化管理。酒店客房收益管理常用的

3 种方法如图 17-1 所示。

图 17-1 酒店客房收益管理常用的 3 种方法

超额预订

超额预订是酒店进行收益管理的一个重要方法，它是指酒店出现比酒店客房总量更多的预订量，以防止因顾客取消订房或应到未到导致当天酒店的出租率较低，影响酒店收益的情况发生。

1. 超额预订的优势

对于酒店来说，超额预订有两大优势。超额预订的优势见表 17-5。

表17-5 超额预订的优势

优势	分析
提高酒店客房的出租率	对于酒店来说，绝大多数客房都是通过预订售出的，顾客一旦发出预订请求，酒店预订系统就会保留该顾客入住酒店的权利。而在预订之后到顾客入住当天这一段时间内，顾客可以在任意时刻取消预订，或是在入住当天最后一刻都没有出现，其不会或者只会受到极小的经济惩罚。如果不实行超额预订，酒店当天会出现一定数量的空房，而这些空房原本是可以出售给其他有需求的顾客的。而超额预订就可以有效防止这种情况的发生，切实提升客房的出租率
增加酒店客房的边际收益	由于酒店高固定成本、低可变成本的成本结构，加上酒店客房的不可储存性，导致酒店失去一潜在顾客的机会成本很高。而多入住一个顾客产生的客房可变成本却很低，因此多入住一个顾客带来的收益可以看作酒店的净利润。在这种情况下，超额预订就成了酒店增加收益的重要手段

2. 超额预订的具体方法

酒店实行超额预订要讲究一定的方法，以免客房数量无法满足散客的入住需求，影响酒店收益。具体来看，超额预订的四大策略见表17-6。

表17-6　超额预订的四大策略

主要策略	具体做法
掌握好团体订房与散客订房的比例（团散比）	团体订房一般以旅行社、商务公司或政府机关为主，事先有计划和日程安排，取消或应到未到这两种情况出现的概率较小。而散客订房具有较强的随意性，受外界因素的影响较大。因此，一般超额预订只考虑散客订房的比例。如果某一天团体订房量较大，超额预订的比例可以小一些，反之可以大一些
掌握历年应到未到和临时取消预订客房量的历史数据	掌握历年应走未走顾客（延长入住）和随机入住顾客（上门客）的历史数据，同样是酒店在考虑超额预订数量时不可忽视的一个重要因素，尤其是随机入住的顾客，是酒店绝对不应该忽视的一类顾客
酒店所在市场需求情况以及季节变化	在考虑超额预订比例时，酒店应充分考虑到整个酒店行业的预订情况。在需求旺季或酒店所在城市有重大商务或旅游活动时，应到未到和临时取消预订的情况比较少，酒店应该有意识地降低超额预订的比例
酒店周边同行的预订情况	酒店周边同行的预订情况也是在考虑超额预订比例时的一个重要参考因素。如果周边同行的客房预订情况较好，酒店应该考虑降低超额预订的幅度。同时，酒店要考虑预订失信后的善后工作，如何将顾客送至附近规格相当的酒店？如果周边酒店均无空房，酒店仍贸然增加超额预订幅度，可能会产生严重的服务事故

定价政策

1. 差异定价

酒店客房收益管理中的定价政策与传统定价政策不同。传统定价往往是基于成本定价。定价时，决策者往往考虑所定价格能否补偿酒店的运营成本和资本的机会成本等。

酒店客房收益管理中的定价政策是在适当的时间以适当的价格将客房卖给顾客，不论价格多高，只要可以被市场接受，就是合理的。即顾客愿意付多少，客房价格就定多少，这就是差异定价，或称价格歧视。在实施差异定价的过程中，酒店要对不同的细分市场设置不同的预订限制，防止高价目标市场的顾客购买低价客房。

2. 合理的房价梯度

基于细分市场的差别化定价策略对提高酒店收益水平具有重要意义。通过实行差异化定价，让原本可能闲置的客房以较低的价格出售给有需求的顾客，从而增加酒店收益。酒店想要实现收益的最大化，必须设计一个合理的梯度价格，并且还应该防止"套利"行为的发生。所谓"套利"就是酒店对部分顾客实行低价，这部分顾客将房间以高价倒卖给其他顾客。

客房分配

虽然定价对酒店收益有直接影响，但是做出定价决策时必须考虑到竞争对手的行为和反应，因此，客房的价格水平不是酒店单独决定的。但客房分配完全在酒店自己的控制之下，是酒店实现收益最大化、使用最灵活的工具。

酒店的客房总数是一定的，按照从低到高的价格进行分配。低价客房数量多了势必会减少高价客房的数量，影响酒店的最终收益；但是高价客房数量过多，又会面临不能全部出售的风险，导致客房出租率较低，收益无法实现最大化。酒店进行客房分配要解决的根本问题就是预留多少客房给高价顾客，这些客房不能出售给低价顾客，即便低价顾客预订客房的时间要早很多。

客房分配就是在客房总数一定的前提下，确定每个价格等级的客房预订数量上限，当某一价格等级的累积预订数量超过规定上限时，就会拒绝预订请求，但如果高房价客房预订超过规定上限，酒店可以牺牲部分低房价客房的分配量。